キリストと〈ユダ〉

四つの福音書が語ること

小野寺泉

Soli Deo Gloria

一麦出版社

Soli Deo Gloria

キリストと〈ユダ〉＊目次

キリストと〈ユダ〉——四つの福音書が語ること

空想的な愛は、すぐに満たされる手軽な成功を求めて、みんなに見てもらいたいと願うものです。……

それに対して実践的な愛というのは、仕事であり忍耐であって、ある人に言わせれば、これはもう立派な学問といえるものかもしれません。

——ドストエフスキー著、亀山郁夫訳『カラマーゾフの兄弟』（光文社古典新訳文庫）

対立と争いは、憎しみの根拠であると同時に、愛の根拠なのです。……隣人とは私と同じ者、等しい者の謂いではない。私とは別の者、等しくない者、根源的に対立をはらんだ者であり、であるが故に、この世界を豊かで光輝ある世界に変えうる存在なのです。

——奥泉光著『グランド・ミステリー』（角川文庫）

それは「裁き」と「赦し」を同時に果たしえる物語の力にもう一度だけ掛け金を置くことである。

——内田樹著「戦争論の構造」（『ためらいの倫理学』所収、角川文庫）

はじめに

　この小さな本はイスカリオテのユダについて書いたものです。今から十年以上も前のことになりますが、二〇〇六年春『ユダによる福音書』（邦訳、日経ナショナル・ジオグラフィック社）が刊行され、その前後に「ユダ」に関する研究書や入門書が出版されました。しかしその後、専門家や研究者の間で話題になったものの、ごく一般のキリスト教会が「ユダ」をめぐって盛んに議論したり、あるいは福音書に即してユダの全体像を提示するような本が出版されたりといったことは、あまりよく存じ上げません。

　他方、イスカリオテのユダといえば、相変わらず裏切り者や卑怯者の代名詞として流通し、「裏切り者ユダ」という固定観念に終始しているように思います。知らず知らずのうちに、ユダをイエス・キリストを裏切った最悪な者と決めつけた上で、自分自身を「世間並み」であるとして善の側に選り分けてしまうのです。そのためユダは、いつも他人事となり、非難すべき対象となります。つまりユダについては、何故か一般メディアの犯罪報道と同じく「無垢なわたしたちと邪悪な者」という枠組みで語られ、その中で思考停止状態になっているように思われるのです。

無論、ヒューマニズムの立場からユダを弁護する場合もあります。が、それは、ユダを、いわば平凡な人間扱いにしようとする試みです。福音書の語るユダの姿を自分たちに引きつけすぎることになってしまい、ユダをとおして自画像を描くことになります。

また、キリスト者の中にも、密かにユダに寄り添い、慰めを見出す方もあるようです。それは、たいてい、偽悪者的なセルフ・イメージとの関連で語られるようです。

そこでこの本では福音書が語っているユダの姿をごく簡単に書いてみました。そもそも福音書はユダをどのように描いているのか。そのことを皆さんと確認する必要を感じたからです。また、これは、一介の牧師が教会の聖書研究会で普段どのような話をしているのかを示す具体例の一つでもあります。いわば、聖書研究の「出前」であって、『「裁き」と「赦し」を同時に果たしえる「物語」の力に』（内田樹）迫る試みでもあります。

さてイスカリオテのユダはイエス・キリストを裏切り、その結果、キリストは十字架で刑死することになりました。だから何となく「ユダはキリストよりも銀貨三十枚という金が大事であったから裏切った」と思われています。

しかし福音書を読むと、実は、ユダは彼なりにイエス・キリストとその神の国運動を救おうとして奔走していたらしい、ということが明らかになります。そして、だからこそユダは「裏切り者」とよばれ、さらに「悪魔」とよばれるようになりました。

イエス・キリストを救おうとしたのに、どうして裏切ったことになるのか、非常に謎めいているわけです。一体、何故そのようなことになったのか。そのことを本書は明らかにしようとしています。

さらにユダは「悪魔」とよばれていますから、どうしても悪魔ないし悪の問題についてふれざるをえません。それはこの本の続きの『悪魔とは何か――荒れ野の誘惑を読み解く』（仮題）で考える予定です。今回は、第一部として『キリストと〈ユダ〉――四つの福音書が語ること』をお届けします。

そしてもし本書を読むことによって聖書に興味をもち、また特に人間の善意において働く悪と、それを凌駕するイエス・キリストの愛の大きさにふれていただけるなら、筆者の喜びとするところです。付録にユダに関する記事の一覧表がありますので、ご参照ください。

なお、この本は二〇〇八年に日本キリスト教会富良野伝道所の「聖書を学び祈る会」において参考資料として配布したプリントがもとになっています。今回それを全面的に書き改めました。共に学び、共に祈りを合わせた富良野伝道所の皆様に、この場を借りて感謝します。また本書を、わたしの子どもたちに、またこれまで出会った多くの方々に捧げます。

日本キリスト教会富良野伝道所牧師　小野寺泉

二〇一八年十月一日

第一章　福音書とは何か

これから、みなさんとご一緒にイスカリオテのユダについて考えていきます。そのためには何よりも福音書にきちんと当たることが大切です。この人に関する基本情報は、何といっても福音書にあるからです。そこで、最初に福音書という書物の基本的な性格についてお話しします。

㈠福音書がなかった草創期の教会

福音書は新約聖書の最初の部分にあります。マタイによる福音書、マルコによる福音書、ルカによる福音書、ヨハネによる福音書の四つです。イエス・キリストの地上における歩みを、それぞれの立ち位置から書いたものです。しかしこれらの福音書は、成立史からいえば、最初から今日のような本の形で存在していたわけではありません。キリストの弟子たちがおこなった「礼拝」という特別な営みの中で、口頭伝承の段階から徐々に文書化され、成立していきました。紀元後三〇年から一五〇年頃にかけてのことです。意外なことに、草創期のキリスト教会は、福音書をはじめ新約聖書が無い状態で、礼拝・教育・福祉などの活動をしていたのです。

では、イエス・キリストの弟子たちはどのようにして礼拝をしていたのか。彼らは全員ユダヤ人でした。ですから当然、それまでユダヤ人がおこなってきたエルサレム神殿での犠牲礼拝や会堂での安息日礼拝をモデルにしていました。その意味で、彼らは父祖アブラハムにまで遡る神礼拝の歴史の中に立っているわけです。そしてその歴史の中でまったく新しいことは、キリスト証言です。キリストが十字架で死に復活したという証言です。弟子たちは、このことを中心にし、従来の礼拝を刷新、再編成していったのです。ここに新しく神礼拝が始まったわけです。

当時の礼拝では、使徒たちが「律法と預言者と諸書」（今日の旧約聖書）を朗読し、イエス・

キリストとその教え、その活動、とりわけ十字架と復活を説教し、また教えていました。旧約聖書の語ってきた神と人間の正しい交わりはキリストにおいて実現したからです。つまり「旧約聖書＋キリスト証言」で礼拝を守ったということです。

そこで礼拝と信仰教育が円滑におこなわれるために、旧約聖書を再編成し、またキリストの言葉やおこない・受難と復活に関する口頭伝承を比較的早くから、ある程度まとめ、文書化する作業もおこなったと考えられます。またパウロの手紙など、手紙も礼拝で朗読しました。キリストがどういう意味で教会を建設したのかがいわれているからです。これらの手紙も、書き写した上で、近隣の教会に回覧するなどしたようです（コロサイ四・一六）。こうした諸伝承が、後に成立する新約聖書正典に相当するわけです。

㈡キリストの証言の特質

さてこれらの諸伝承は使徒たちのキリスト証言を中核にしています。この証言は、紀元三〇年、総督ポンティオ・ピラトのもとでイエス・キリストが十字架刑で死んだ後、三日目に復活してご自分を救いの神として啓示したという前代未聞の大事件に巻き込まれた者によってなされました。復活のキリストに出会った者たちの証言であり、実際、使徒たちとは**「主の復活の証人」**であるといわれています（使徒一・二二）。

ところでこうした証言は、言ってみれば現場の目撃証言であり、事件報道です。現場の目撃証言は、起こった出来事の全体をもれなく語ることを目的としてはいません。それぞれの立ち位置から目撃した事件を知らせることを目的としています。事件によって日常の世界が何ほどか変化したからです。そうした証言は出来事全体の一部分を明らかにするだけですから、単純に一つの証言を正しいとし、他の一つを間違いとするわけにはいきません。むしろ複数の証言によって、その出来事の全体像に近づくことがふさわしいわけです。たとえば、辻邦生著『西行花伝』（新潮文庫、一九九九年）では、複数の人たちに西行について物語らせることによって、西行という人物を描き出しています。それと同じように、イエス・キリストの復活についても、さまざまな証言によって明らかにされているのです。

このとき、キリスト証言には次のような特質があります。使徒たちは礼拝で説教するとき、イエス・キリストの復活という光の中で旧約聖書とキリストの生前の教えと行動を語りつづけました。丁寧に言えば、復活のキリストが十字架上で刑死したご自分との同一性を開示したので、使徒たちはそれを根拠に地上のキリストの言葉・おこないと復活したキリストとの照応関係を一つひとつ見出して証言していったということです。つまりキリストの自己解釈に従って再解釈がおこなわれたということです。こうした再解釈は一度で終わってしまわず続けられます。それは、キリストの復活によって開示された救いがあまりにも巨大な出来事であるため、人間にとってわかり切ったことにならないからです。むしろ使徒や弟子たちが置かれた時代状況の中で絶えず聞き直され、再発見されていくのです。そこで再解釈は礼拝の度ごとになされ、世代から世代へと伝承されていくわけです。

ということは、キリスト証言は事実認定よりも証言の内容である救いの告知に関心があって、それが語られる度に、聞き手と復活したイエス・キリストとの間に新しい関係を造り出す特質がある、ということです。平たく言えば、「それは、いつ、どこで起こったのか」ということよりも、「あのとき、イエスが語り、おこなったのは、わたしたちのためであった！」という知らせによって新しい展望が開ける、ということです。それはちょうど合格通知が届くと、その人の人生に新しい展望を開くのに似ています。その通知によって新しい世界へ向けて人生が意味付けられ、生活が再編成されるわけです。それと同じようにキリストの復活の証言は、キリストが復活することによって、何と、この世界が罪と死に限界付けられていることを明らかにしつつ、同時にこの世界が復活の未来に向かって大きく解放されたことを知らせ、そこに向かって生きるように導くものなのです。

しかし六〇年代になると、使徒たちもやがて年老い、またユダヤ教の側からの迫害や紀元六四年ローマ皇帝ネロによる迫害のため殉教するなど、もはや従来のようにイエス・キリストを証言することが困難になっていきました。さらに七〇年にはユダヤ戦争が勃発し、将軍ヴェスパニアヌスおよびティトゥス率いるローマ軍と激戦の末、終にエルサレムが陥落し神殿は焼け落ちました。そのためエルサレム地方は戦場となり、エルサレム教会は地方へ避難しました。そうした危機的な状況の中で礼拝を維持するために、さまざまなキリスト証言を、キリストの地上の歩みを枠として編集し文書化したのです。それが福音書です。こうしてナザレのイエスこそが旧約聖書の「主なる神」であると告白しつつ歩んだのです。

㈢福音書の基本性格

そこで福音書は、今、お話ししましたように、礼拝の中で旧約聖書が語ってきた「主＝ヤハウェ」という神はイエスであることを明らかにします。したがってまた逆に「イエスは主である」という信仰告白をとおして福音書を読むとき、その基本性格が明らかになります。この信仰告白はイエス・キリストは真の神であり同時に真の人間であるという認識をもたらします。西洋キリスト教はギリシア哲学の影響により、神を「自ら動かずして万物を動かす永遠不動の一者」（アリストテレス）という「無感情の神（セオス・アパテース）」として考えました。しかし聖書の神は、それとは対照的に「嫉む神＝熱情の神」としてイスラエルの民に代表される人間と共に歩む方です。つまり人間をご自分との一対一の愛の関係に立たせつつ歩むのです。だから永遠の神が、何と、ご自分を救いの歴史として展開しているということです。通常、永遠と時間は対立し、さらに永遠と「救いの歴史」は対立すると考えられます。しかしキリストにおいて、神の永遠は人間の歴史の中で歴史として示されたのです。キリストが人間となられ、ご自分を人間と共に歩む神として示したからです。これを「受肉」といいます。そのようなキリストを証言するため、福音書には人間の歴史とその人間を救う神の歴史の二重性があるのです。神と人間の二重の歴史、これが福音書の基本性格です。

さて今日、一方では、聖書を人間が書いたものとして受け止め、古代中東の歴史資料として扱い、歴史的‐批判的に読む立場があります。これは十七世紀頃から始まり、今日も盛んにおこなわれています。「学問的な聖書の読み方」という場合、たいてい、この立場です。他方、それに対する反動として、「逐語霊感説」という立場があります。聖書の字面そのものを神の言葉であるから間違いのない事実であるとするのです。その典型はアメリカにおける「福音派」やキリスト教原理主義です。

この二つの立場は、それぞれ福音書の基本性格の片面だけを見つめています。「逐語霊感説」は神だけを見つめ、「歴史的‐批判的立場」は人間だけを見つめます。だから一方はキリストの人間性という他者を失い、他方はキリストの神性という他者を失っています。そのため、いわば原理的に他者を失った「仲間内の言葉」になりやすいのです。こうして福音書のメッセージが本来「すべての被造物」（マルコ一六・一五）に向かって開かれているはずですのに、一部の人々にしか届かなくなっているように思います。もちろんこれは自戒も含めて言っているわけです。

ところで北海道旭川市の旭山動物園は、行動展示という方式で有名になりました。これは、ただ動物が行動している有様を見せるという意味ではありません。従来のように、人間が動物を檻に入れて見物するのではなく、逆に動物が人間をどう見ているのかという視点を活かした展示方式なのです。見る者が人間から動物へと逆転した点がとても新しいのです。それと同じように、人間が福音書を見るという方向ではなく、逆に、福音書が人間をどう見ているかという方向に立つとき、どうなるでしょうか。人間の側の尺度に従って福音書を見るのではなく、福音書からわたしたち人間を見つめることになります。このとき、福音書の基本性格に従って福音書を受け止めるようになり、神が人間になるという受肉の出来事に直面し、あの神と人間の二重の歴史を見つめることになります。そしてそれに巻き込まれ、使徒たちの証言に連なる者として語ることになります。

こうしたことを教会は信仰告白に従って福音書を読むと言ってきました。それは何か固定した教理をテキストに読み込むという意味ではなく、イエス・キリストにおいて神が人間になられたという出来事を、まさしく救いの出来事として受け取り、それに従って語るということです。そのとき、使徒たちのキリスト証言の声は歴史を貫いて響きわたり、今日に向けて救いの出来事を新しく語り出すことでしょう。

㈣四つの福音書

さて、六〇年代末から七〇年初頭に、さまざまなキリスト証言が編集され、マルコによる福音書が成立し、「福音書」という独特な文書が誕生します。そして八〇年代には、「マルコ」を共通の遺産として用い、マタイとルカの両福音書が成立します。そのためこの三つの福音書は「共観福音書」とよばれることがあります。さらに九〇年代にはヨハネによる福音書が成立していきました。これは、「共観福音書」に対して「第四福音書」とよばれることもあります。このように四つの福音書を並存させているのは、イエス・キリストという大きな存在を四つの角度から照らし出して立体的に語るためです。一つの角度から照らし出すだけでは捉えきれないほどキリストは大きな存在だからです。

福音書の「福音」とは「エウアンゲリオン＝εὐαγγέλιον」という新約聖書ギリシア語の訳語で、一般に「良い知らせ」という意味です。特に旧約聖書では、神が再び自分たちの王となってくださったという意味で「良い知らせ」なのです（イザヤ五二・七）。さらにこの言葉には、「我ら戦いに勝てり」という意味もあります。戦勝の知らせのことです。使徒の証言は、イエス・キリストが死から復活し、罪と死に打ち勝ったという喜ばしい知らせを中心的な内容としていました。そのため、これを特に「福音＝良い知らせ」とよぶようになりました。つまり神との契約を破ったため死と罪に束縛されている人類を、キリストが解放し、新しい世界と新しい人間を開き示し実現してくださったという意味で「福音」なのです。

このように福音書とは、礼拝の場で「福音」を告げ知らせるために編集された書物です。目的が明確なのです。ですからイスカリオテのユダのこともこの目的にそって語っています。いわゆる歴史学的に実証可能とされる過去の事実を書き連ねるのではなく、キリスト証言によって照らし出された真実を語ろうとしています。ですから本書も「史実のユダ」ではなく、キリストとの関係でユダについてお話しすることになります。

さて四つの福音書はイスカリオテのユダを最初から「イエスを裏切った者」として紹介しています。ですから後は、それがどのような場面でおこなわれたのかという話になります。そのためユダに関する記事も、イエス・キリストがユダを他の弟子たちと共に「使徒」に任命した場面とキリストを裏切った場面に集中しています。けれどもそうした記事を、当時のユダヤ人の状況をできるだけ踏まえつつ丹念に読んでみますと、ユダの人となりや考え方についても明らかになることがいくつもあるのです。

第二章　イエス・キリストの弟子たち

イスカリオテのユダがイエス・キリストの弟子になった経緯について、四つの福音書は何も語っていません。これはユダに限ったことではなく、他の弟子についてもいえることです。この人について最初に出てくる記録はイエス・キリストが弟子たちを「使徒職」に任命した記事においてです。ルカによる福音書には次のように記されています。

そのころ、イエスは祈るために山に行き、神に祈って夜を明かされた。朝になると弟子たちを呼び集め、その中から十二人を選んで使徒と名付けられた。それは、イエスがペトロと名付けられたシモン、その兄弟アンデレ、そして、ヤコブ、ヨハネ、フィリポ、バルトロマイ、マタイ、トマス、アルファイの子ヤコブ、熱心党と呼ばれたシモン、ヤコブの子ユダ、それに後に裏切り者となったイスカリオテのユダである。
（ルカによる福音書六章一二―一六節）

このテキストは使徒たちが次々と登場し、まるでスライド写真か動画のようです。ここからイエス・キリストが弟子たちの中からさまざまな人を使徒に任命したことがわかります。これらの人たちのプロフィールを他の福音書も参照しつつ、簡単に紹介してみましょう。

ペトロは、イエス・キリストの一番弟子であり、弟子集団の代表です。本名をシモンあるいはシメオンといい、アンデレとは兄弟でした。彼らはもともとパレスチナ北部のガリラヤ湖畔の町ベトサイダの出身でした。いつの頃からかわかりませんが、隣町のカファルナウムに移り住み漁業を営んでいました。

アンデレは、当初、洗礼者ヨハネの弟子だったようですが、イエス・キリストの弟子となり、自分の兄弟シモン・ペトロをキリストの許へ連れてきます。

ヤコブとヨハネも兄弟で、やはりガリラヤ地方のカファルナウムで父ゼベダイと共に漁業を営んでいました。おそらくペトロたちと一緒に働いていたものと思われます。イエス・キリストは彼らにボアネルゲというあだ名をつけました。意味は「雷の子」です。ですから、穏やかな性格の兄弟ではなかったようです。また人によっては、後でふれる熱心党との関連があるのではないかと考えます。

フィリポは、職業はわかりませんがペトロたちと同じくベトサイダの出身の者でした。この人は、ナタナエルという人にイエス・キリストを紹介しています。

バルトロマイは、「タルマイの子」という意味で、もし本名がナタナエルなら、この人はガリラヤ地方のカナという町の出身です。この人も漁業を営んでいたようです。この人は「律法と預言者」を熱心に学び、メシア＝王的な救い主を待ち望んでいました。

マタイはレビともよばれており父親はアルファイです。この人もカファルナウムにいて、「徴税人」の仕事をしていました。当時、ローマ帝国がサマリア地方とユダヤ地方を直轄領として支配し、ガリラヤ地方はヘロデ大王の子ヘロデ・アンティパスに治めさせました。そして税金を取り立てる際、ローマ帝国は納税反対運動などのトラブルを避けるため、その被支配地域の住民に徴税業務を請負わせました。それが「徴税請負人」もしくは「徴税人」です。ガリラヤ地方の「徴税人」はヘロデ・アンティパスに、サマリア・ユダヤ地方の「徴税人」はローマ帝国に税金を納める仕事をしていたわけです。

トマスは、「ディディモ」とよばれています（ヨハネ一一・一六）。「ふたご」という意味ですから、彼の双子の兄弟がいたのでしょう。この人は、他の弟子たちからイエス・キリストが死から復活したと告げ知らされたとき、容易に信じようとしませんでしたので、「疑り深いトマス」といわれることがあります。しかし本当は他の弟子と同じく、復活のキリストに出会いたいと願っていたのではないでしょうか。復活のキリストが彼にも現れたとき、トマスは「**わが主、わが神**」という重要な告白をしています（ヨハネ二〇・二八）。

アルファイの子ヤコブは、もしこの人の父がマタイの父と同一人物なら、この人はマタイと兄弟です。それ以上のことは福音書には直接でてきません。

「熱心党のシモン」ですが、この党は神に対する情熱を行動で示すことを大事にした運動体で、狭い意味では「ガリラヤのユダ」という人に由来します。この人は紀元六年頃にローマ帝国が税金を課したことをきっかけに、ローマ帝国からの解放運動を起こしました。イエス・キリストの幼少頃のことです。ガリラヤ地方はこの運動の舞台になったわけです。「熱心党」はそのような人々の、いわば愛国的団体で、シモンは実際にもともとそうした団体に属していたか、あるいはその団体に属しているような人柄であったわけです。

ヤコブの子ユダは、「イスカリオテでないほうのユダ」として登場しています。マタイとマルコ福音書はこの人をタダイとよんでいます。いわゆる「最後の晩餐」の席でイエス・キリストに対して「主よ、**わたしたちにはご自分を現そうとなさるのに、世にはそうなさらないのは、なぜでしょうか**」と質問しました（ヨハネ一四・二二）。

さて「イスカリオテのユダ」です。この人は今、ご紹介した「使徒」たちの最後に「後に裏切り者となった」人として紹介されています。ユダという名前は「讃美」という意味です。かつて王たちを輩出したユダ族に由来する立派な名前です。またヨハネによる福音書は、「共観福音書」と違って独自の観点からイエス・キリストを語っているので、「第四福音書」ともいわれます。そこには「**イスカリオテのシモンの子ユダ**」とあります（ヨハネ六・七一）。当たり前のことですが、ユダも人の子であったわけです。「イスカリオテ」は、もともとユダの父親のあだ名、もしくは通称だったのかもしれません。

「イスカリオテ」の意味については、おもに二つの説があります。一つは、「イスカリオテ」はラテン語シカリウスをギリシア語に音写したものという説です。「シカリウス」は「シカ＝短剣」に由来し、「刺客、暗殺者」という意味です。だからイスカリオテのユダは「刺客ユダ」

となります。まさしく剣呑なよび名です。ここから、先にふれた「熱心党」と関係があると言われています。

もう一つは「イスカリオテ」は「イシュ・ケリヨート」というヘブライ語をギリシア語に音写したという説です。「イシュ」は「人、男」という意味です。「ケリヨート」は都市の名称で、旧約聖書にはモアブ地方の繁華な都市（アモス二・二、エレミヤ四八・二四）、またユダヤ地方の町として出てきます（ヨシュア一五・二五）。イエス・キリストの時代にはユダヤ地方の町か、あるいは漠然と「都会」という意味ではないかといわれています。ですから「イスカリオテのユダ」とは「ケリヨート出身の人ユダ」という意味です。ここでは後者の説を採用し、話を進めていきます。

第三章　ガリラヤ地方とユダヤ地方

㈠時代状況

さてイエス・キリストがイスカリオテのユダや他の弟子たちと活動したのは紀元二八年から三〇年頃であり、その舞台は今日のイスラエル共和国とその周辺地域です。その当時、ユダヤ地方は、サマリア地方とともに、ローマ帝国の直轄領ユダヤ州になり総督ポンティオ・ピラトが支配していました。北部のガリラヤ地方は、ローマ帝国に領主として承認されたヘロデ・アンティパスが治めていました。

東地中海に面した要塞都市カイサリアには総督官邸があり、そこにローマ軍千人隊が四隊駐屯していました。またエルサレム神殿の境内北部に接続したアントニアの塔にも一隊が駐屯していました。日頃から納税反対をきっかけとした暴動が発生した場合、直ちに制圧するために絶えず目を光らせていたのです。そしてエルサレムでおこなわれるユダヤ教三大巡礼祭には、全軍エルサレムに集結したといわれます。

他方、ユダヤ人たちは、これまでの歴史的な事情から自治を認められていました。ただし、ローマ帝国に対する反逆者を裁判にかけ死刑にする権限はありませんでした。いわば治外法権です。そのような制限があるものの、ユダヤ人による自治がおこなわれたのです。その中心がエルサレムにある最高法院です。

最高法院は大祭司一名を議長とし、祭司長・長老・律法学者ら七十名の議員によって構成されていました。イエス・キリストが活動した時代には、大祭司はカイアファであり、その他にアンナス、ヨハネ、アレクサンドロといった大祭司一族がいました（使徒四・六）。最高法院は彼らを中心にエルサレム神殿の「切石の間」という所でおこなわれ、神殿礼拝の管理・運営、また「地方法院」と連絡をとり、人々の教化・育成にたずさわっていました。

神殿礼拝は、午前と午後に毎日二回おこなわれました（出エジプト二九・三八―三九）。また過越祭・五旬祭・仮庵祭など特別な礼拝がありました。これらの祭りは、すべて紀元前十三世紀の出エジプトという神の救いと律法授与を思い起こして祝い、感謝する三大巡礼祭です。いってみれば例大祭ですが、日本の祭りが自然のめぐりを基礎にしているのに対し、聖書の祭りは出エジプトという歴史的な出来事を基礎にしている点が特徴的です。

こうした巡礼祭は、紀元前六世紀南ユダ王国が新バビロニア帝国によって滅ぼされ、バビロン捕囚の憂き目に遭った時代には中断しました。しかしそこから解放され、苦労の末、神殿を再建し巡礼祭が再開されました。

さらにイエス・キリストの時代には「神殿奉献記念祭」を祝いました。これはキリストが生まれる一六〇年ほど前に起こったマカベア戦争に際して、ユダ・マカベウスたちがシリアからエルサレムを解放したことを記念する祭りでした。キリストご自身、この祭りを重んじています（ヨハネ一〇・二二）。

以上をまとめますと、イエス・キリスト時代の人々は、紀元前十三世紀のエジプトからの解放、紀元前六世紀のバビロン捕囚からの解放、紀元前二世紀シリアからのエルサレム解放という、神による三つの解放を重ね合わせ、あるいは関連づけて想い起こし、記念したわけです。

しかもこうした巡礼祭には、国内のユダヤ人はもとより、地中海沿岸や黒海沿岸など海外の各地のディアスポラ（離散した）・ユダヤ人たちもやって来ました。研究者によってばらつきがありますが、当時のユダヤ人は、パレスチナに二〇〇万人、海外に五〇〇万人いたといわれます。ですから随分大勢の人が巡礼のためエルサレムにやって来たと思われます。そのためこうした巡礼祭には、ローマ帝国の支配からの神による解放への熱い期待がいやがうえにも燃え上がりました。これが、キリストの時代の気分であり、基本的な思潮です。

また教化・育成面では、地方の各会堂において神の律法を教育しました。興味深いことは、ユダヤ教の信仰から見て異端と思われる者たちの宗教運動について調査したことです。

四福音書によれば、当時、ユダヤ教の内部にはサドカイ派・ファリサイ派・熱心党・ヘロデ派といったグループがありました。さらに福音書には、なぜか直接、言及されていませんが、同時代のユダヤ人歴史家フラビウス・ヨセフス著『ユダヤ戦記』や『ユダヤ古代誌』によれば、エッセネ派というグループも活動していたことが知られています。その他に「死海文書」の発見で脚光を浴びた、いわゆるクムラン教団があります。この教団については、エッセネ派に含めて考えることにします。「沐浴」による清めが共通しているからです。

これらのグループについては、現在も専門家の方たちが研究を続けており、すでに膨大な蓄積があり、浅学菲才の筆者には説明しきれるものではありません。

そこで次のように見つめるとわかりやすいと思います。それは、当時のユダヤ教は「神がこの世界をどのように支配すると考えるか」という点でさまざまなグループにわかれていた、という見つめ方です。当時は、現代と違って、宗教が政治・経済・社会と密接に結びついていたからです。そこで福音書を読む上で必要と思われることを、新約聖書時代の概説書を参考にして、ごく大雑把にまとめると次の表のようになります。

	宗教の立場	政治的立場	社会的立場	経済的立場
サドカイ派	「モーセの五書」のみ 復活否定・現世中心 神殿礼拝管理・運営	親ローマ	大土地所有者 貴族祭司	富裕層
ヘロデ派	?	親ローマ	?	富裕〜中間層
ファリサイ派	「律法・預言者・諸書」 律法遵守・復活肯定 会堂管理・運営	反ローマ	手工業者 商工業者 独立自営農民	中間層
熱心党	「律法・預言者・諸書」 神の支配実現のため実力行使	反ローマ	日雇、小農、小作、売春婦、乞食 家畜飼育者、債務奴、下級祭司	貧困層

エッセネ派	「律法・預言者・諸書」沐浴による清め・終末待望	反ローマ	?	?

以上を一言で言えば、サドカイ派は「現行の神殿礼拝によって神のご支配は現在、実現している」といい、ファリサイ派は「神の律法を遵守することによってこれから実現するのだ」といい、エッセネ派は「清めによってこれから実現されるのだ」といい、熱心党は「武力を含む実力行使によって実現する」といい、ヘロデ派は「ヘロデ王朝の存続で充分である」といった具合です。

そしてここに、新たにイエス・キリストとその弟子たちが登場し、神の国はご自分において始まったと宣教し活動しました。「神の国」とは、地上のどこかにそういう神聖国家があるという意味ではありません。「国」は新約聖書ギリシア語では「βασιλεία＝バシレイア」といって、「王の支配」という意味です。だから神の国とは、神が王として支配するという行為を示します。ということはダイナミズムがあるということです。実際、キリストの働きは非常にダイナミックです。キリストは巡回しつつ、多くの群衆に神の国を教えると同時に、癒し、悪霊を追放し、給食するなど数々の働きをしました。

イエス・キリストに従った群衆は、最高法院の議員や百人隊長などもいましたが、その大部分はさまざまな事情で既存のどの宗派にも加わることができなかった人々です。ファリサイ派の人々のように律法遵守できず、かといって熱心党の人々のように武力を含む過激な活動に参加できないごく普通の人々です。言い換えれば、当時の社会から何ほどか疎外されていた人々であって、社会的に貧しい人々が多かったといわれています。キリストご自身、彼らを旧約聖書の表現に従って「**飼い主のいない羊のような有様**」といって特徴づけています（マルコ六・三四）。そして先走って言えば、イスカリオテのユダは、他の弟子たちと同じく、こうしたキリストの神の国運動に既存の宗派にはない新しさを見ていたと考えられます（ヨハネ一二・五、一三・二九）。

しかし最高法院は、こうしたイエス・キリストとその群衆を「ナザレ人の分派」とよんで警戒しました（使徒二四・五）。ちなみに今日のユダヤ教もキリスト教を「ナツルート＝ナザレ派」とよびます。最高法院はサドカイ派とファリサイ派出身の議員で占められていましたので、熱心党、エッセネ派、「ナザレ人の分派」などの宗教運動を監視の対象としたわけです。

場合によっては、取り締まりました。たとえば、有名な使徒パウロは、キリストに出会う前、そうした熱心なファリサイ派でした。彼は、最高法院からダマスカスの会堂に対する添書を受けてキリスト者を迫害しようとします（使徒九・一—二）。そこからわかるように最高法院の了解・指示のもとで迫害していたのです。特にステファノというキリスト者を石打の刑で殺す際には、死刑執行人たちから、彼らの上着をあずかっています。上着はその人間の象徴と考えられていましたから、パウロはいわば現場監督のような現場の責任者として立ち会ったわけです。だからパウロはステファノ殺害など教会を迫害したという負いめをもつ者ということができます（フィリピ三・五—六）。

このように最高法院が新しい宗教運動を警戒したのは、ローマ帝国に自治権を奪われることを恐れたためです。新しい宗教運動が拡大し、大規模な反ローマ運動へと展開し暴動となると、ローマ帝国は、最高法院には自治能力なしと判断し、暴動を制圧するとともに自治権を奪ってしまうのです。そこで最高法院は新しい宗教運動に神経を尖らせていたわけです。実際、ヨハネによる福音書はイエス・キリストと神の国運動について次のように伝えています。

この男は多くのしるしを行っているが、どうすればよいか。このままにしておけば、皆が彼を信じるようになる。そして、ローマ人が来て、我々の神殿も国民も滅ぼしてしまうだろう。
（ヨハネによる福音書一一章四七－四八節）

この福音書は紀元一〇〇年頃成立したといわれます。すでに七〇年のユダヤ戦争でローマ帝国によってエルサレム神殿は破壊され、最高法院はエルサレムから南西のヤムニアに避難していました。その時点から振り返ってのことですが、当時の最高法院の危機感を上手く伝えています。こうして最高法院は、神殿礼拝を中心とし、民の動向に気をつけ、ローマ帝国と交渉しつつ自治を維持したわけです。たとえば、過越祭においては、総督ピラトは囚人を恩赦で解放することが慣例でした（マタイ二七・一五）。これは、もちろんローマ帝国と最高法院の妥協の産物でしょうが、ユダヤ地方の民衆には最高法院の実力の現れと受け止められたと考えられます。このように、ユダヤ地方には信仰の力によって堂々とローマ帝国と対峙しているという矜持があったことでしょう。イスカリオテのユダはそのような地方の出身だったわけです。

(二)ガリラヤ出身の弟子たちとユダヤ出身のユダ

さて以上のようにみると、イエス・キリストの弟子たちがほとんどガリラヤ地方の出身であったのに対して、ユダはユダヤ地方の出身であったということに気づかされます。ここに地域性の違いを考えることができるのではないでしょうか。

ガリラヤ地方とユダヤ地方の違いについては、たとえば、弟子の筆頭であるペトロがイエス・キリストを否認した記事から窺い知ることができます。イエス・キリストは十字架にかけられる直前、大祭司カイアファの屋敷で裁判にかけられます。その成り行きを中庭で見守っていたペトロは、そこに居合わせた人たちに次のように疑われます。

確かに、お前もあの連中の仲間だ。言葉遣いでそれが分かる。（マタイによる福音書二六章七三節）

ガリラヤ地方の人は言葉になまりがあったわけです。発音できない子音があったといわれます。今日、ユダヤ教の人々は毎週木曜日エルサレム神殿の西の壁の広場で「バル・ミツバー」（戒めの子）という成人式をおこなっています。十三歳の少年がラビから律法を正しく読めるかどうかテストされるのです。律法を正しく朗読できる者が一人前の大人と認められ、会堂の成員となります。

参考までにお話ししますと、筆者が一九八七年一月上旬にエルサレムを訪れたときには神殿の「西の壁」の前で「バル・ミツバー」がおこなわれていました。ラビと少年が一組、縦長の台の上にユダヤ教聖書の巻物を開き、朗読していました。「西の壁」に向かって右手には女性たちの居場所が設けてあり、少年たちの家族でしょうか、儀式が一つひとつ進むにつれて巻き舌で歓声を上げていました。そしてラビと少年の傍にはグリーンのTシャツにジーンズ姿の青年がいて見守っていましたが、その肩には、何と、自動小銃が無造作に下げてあり、両手がグリップとマガジンにかかっていました。彼もまだ少年の面影があるのに、時折、辺りに目を投げかけ、警戒していたわけです。そこには、何としても律法の担い手を生み出すのであるという強烈な祈りを感じざるをえませんでした。律法の朗読は、わたしたちが想像する以上に、真剣なことなのです。

またルカによる福音書は、十二歳の少年イエスがエルサレム神殿で律法学者の話を聞いたり質問したりしていた記事を伝えています（ルカ二・四六）。そこには、後に「バル・ミツバー」

へと発展する萌芽のようなものがあります。

こうしたことを考え合わせると、正しく発音できないとは、単に田舎者という以上に、半人前、会堂の成員としては不足のある者という軽蔑が含まれていたことになりましょう。

さらにこの地方は、紀元前八世紀にアッシリア帝国に侵略され雑婚政策などさまざまな事情のために「異邦人のガリラヤ」とよばれました（列王下一七・二四、イザヤ八・二三）。「異邦人」とは外国人という意味とともに、神の選びからもれた罪人という宗教的な意味がありました。ですから「異邦人のガリラヤ」といえば、神の選びからもれた、救われない人々の住む地域ということになります。特にイエス・キリストの時代には「地の民」とよばれ、ユダヤ地方の人々からは神の律法を守る点で厳格ではなく、信仰に偏りがあるのではないかと蔑まれていたわけです。しかしその反面、ガリラヤ地方からは「熱心党」のような反ローマ運動が起こるわけです。何やら人騒がせな人々のいる地域ということになりましょう。

このようにみてきますと、イスカリオテのユダが他の弟子たちに対してどういう気持ちを抱いたのかは想像できるのではないでしょうか。ガリラヤ出身者の多い弟子集団の中にあって、ユダが、多少なりとも優越感をもち「自分こそは」と思ったとしても不思議ではありません。

何しろイエス・キリストご自身も、ユダヤ地方のベツレヘムで生まれたとはいえ、ガリラヤ地方のナザレという町でお育ちになったわけです。

第四章　使徒としてのユダ

さてユダは他の弟子たちと共にイエス・キリストによって「使徒」に任命されます。「使徒」とは「派遣された者、全権を委任された大使、使節」という意味です。ですからユダも、間違いなくキリストによって神の国の「全権委任大使」として派遣され、他の弟子たちと同じく福音伝道に尽力したといってよいのです。この点について使徒言行録は次のように確認しています。

ユダはわたしたちの仲間の一人であり、同じ任務を割り当てられていました。
（使徒言行録一章一七節）

使徒言行録とはルカによる福音書の続編で、キリスト教会の誕生とその後の歴史を使徒ペトロとパウロの活動を中心に描いています。右の言葉は、死から復活したイエス・キリストが弟子たちの前に現れ、聖霊を注ぐ約束をしたので、それを待つ場面で言われました。

イエス・キリストは十字架にかかる以前、使徒を十二名選抜し、それを基礎に新しいイスラエルを形成することを意図していました。しかしユダが裏切り自殺したため、欠員が生じたわけです。そこで聖霊の注ぎを待つ間、欠員補充のため新しく使徒を選び出すことになり、ユダについて明確に説明する必要があったわけです。

一読しておわかりのように、裏切り者に対する言葉としては奇妙に冷静です。普通ならこのように言わないのではないでしょうか。場合によっては、卑劣な裏切り者に虫唾《むしず》が走り、「裏切って自殺した以上、ユダはわれわれの仲間などではない」といって糾弾したり、記録から削除したりするのではないでしょうか。実際、今日の場合、不祥事を起こした者たちに対して、退学や懲戒解雇処分、あるいは破門がなされたりするわけです。しかし聖書はそのように言いません。ユダは「わたしたちの仲間」であると明言しています。そして「仲間である」ことの中身については、使徒の務めを割り当てられた者であるとちゃんと認めています。ということは、ユダとその裏切りに関する使徒たちの理解は、どうやら後代の教会や今日のわたしたちと違うようだ、ということです。ここにユダについて考えてみる必要性があるわけです。

そこでこの聖書の言葉から明らかになることは、イスカリオテのユダは、いわゆる「孤独な悪魔」といったものではなく、仲間がいたのであり、他の者たちと同じように使徒の任務を果たしてきた者であった、ということです。

ところで、この使徒任命の記事において注目すべきことがあります。先に引用したルカによる福音書六章一二節から一六節によると、イエス・キリストは、使徒職へ任命する前夜、徹夜で祈ったといわれています。この祈りの中で三つのことを願ったと考えられます。

第一に、イエス・キリストは「使徒」にふさわしい者を立ててくださるように神に祈りました。「使徒職」は、キリストが神から与えられたご自分の権能と職務を、弟子集団に委託したものです。それは、福音宣教と悪霊追放をおこなう権能でした。後にキリストの復活の証人になること、と改めて総括されます。つまりキリストの復活の命が、罪と悪からの解放をもたらす力であると捉え返されたわけです。このとき、キリストは、自分の都合や好みではなく、神の意思に一致して使徒を選んだのです。

第二に、使徒の人数は全部で十二人でした。この数字は神の民イスラエルをさしています。イスラエルとはアブラハムの孫ヤコブにつけられた名前でした。この人に十二人の子どもがあり、彼らを始祖に十二部族が成立しました。後に、レビ族は神に奉仕する祭司の務めを世襲することになったため、ヨセフの子であるマナセとエフライムから出た二つの氏族が十二部族に数えられます。だからイスラエル十二部族とは、実際には、祭司職のレビ族＋十二部族ということになります。図にすると左のようになります。

《イスラエル十二部族》

ルベン
シメオン
レビ
ユダ

ルベン
シメオン
ユダ

ダン
神ーナフタリ
ガド
アシェル
イサカル
ゼブルン
ヨセフ
ベニヤミン

↓

神ー祭司レビ族 ←
ダン
ナフタリ
ガド
アシェル
イサカル
ゼブルン
マナセ
エフライム
ベニヤミン

この群れを成り立たせているのは、血縁だけではありません。父祖であるアブラハム・イサク・ヤコブの信仰を受け継ぐことによってです。聖書にみられる系図は、そのような信仰継承の道筋を示しています。

ところで、その信仰継承は特殊な宗教体験によってなされたのではありません。たとえば、今日「ボーン・アゲイン」といったことを耳にしますが、それは、特に十九世紀のアメリカ合衆国におけるキリスト教の大覚醒運動に由来するもので、フロンティア精神に連動する特殊なものです。「役に立つ個人になる」ことを目的としているわけです。

またわたしたち日本の宗教的な伝統にも、修行をし、迷いの末、悟りに到るというパターンがありますが、これも自由な個人になることを目的にしています。

しかし聖書の人々は、族長が一族の者たちに神の救いを物語ることによって信仰を継承していきました（出エジプト一二・二六―二七）。物語ることにおいて、神の救いの歴史を共有したわけです。すなわち、すでに神の救いがなされたがゆえに、その救いが完成する未来を待ち望みつつ、現在を生きるという信仰を継承したのです。そして「新生」とは、神が新しく信仰を与えてくださることを根拠に、神の民という共同体の一人として生かすことを目的に起こるものであって、個々人の生活態度の刷新はその「しるし」にすぎません。つまり関心は「新しい自分になる」ことにあるのではなく、神の民共同体の一員として神の栄光を現すことにあるのです。

イエス・キリストもユダヤ人ですから、当然、そうした信仰継承の流れに立っており、今や、十二人を選ぶことによって、改めて新しいイスラエルを建設しようとしたことがわかります。

第三に、イエス・キリストは徹夜で祈祷し、弟子たちが将来使徒として歩むときに直面する困難を想い、神の保護を願い求め、また彼らの弱さを執り成しもした、ということです。弟子たちは、このようなキリストの祈りの中で使徒としての働きをするようになるのです。つまりキリストの祈りが使徒の活動の場を設定している、ということです。逆に言えば、使徒たちはキリストの祈りなしには活動することができない、ということです。

ここでどうしても問題になるのは、なぜ神はユダを使徒に選んだのか、ということです。特にヨハネによる福音書はこのように伝えています。

するとイエスは言われた。『あなたがた十二人は、わたしが選んだのではないか。ところが、その中の一人は悪魔だ。』イスカリオテのシモンの子ユダのことを言われたのである。このユダは、十二人の一人でありながら、イエスを裏切ろうとしていた。

（ヨハネによる福音書六章七〇－七一節）

ここではイスカリオテのユダは悪魔であるといわれています。なぜ悪魔を自分の弟子にしたのか。いや、そもそも悪魔とは何か。こうしたことは、本書の第二部『悪魔とは何か——荒れ野の誘惑を読み解く』(仮題)で考える予定です。ここでは、イエス・キリストが徹夜の祈りの中で、他の弟子たちと共にイスカリオテのユダのことも覚えていたことを心に留めたいのです。

第五章　ユダの働き

福音書は、弟子たちの伝道活動についてはごく僅かしか語りません。この点、イスカリオテのユダについても同じです。しかし彼が弟子たちの中で特別な役目を果たしていたことを窺い知ることのできる記事があります。

イエス・キリストと弟子たちが過越祭を祝うために、多くの巡礼者にまじってガリラヤからエルサレムにやって来たときのことです。キリストにとっては地上における最後の過越祭でした。

エルサレムの東側にキドロンの谷をはさんでオリーブ山があります。標高九〇〇メートルほどの岩山で、その中腹にベタニアという村がありました。そこに住むラザロという者がイエス・キリストとその一行を食事に招いたのです。エルサレム市内が巡礼者で一杯になり宿泊できないときに、この人の家の厄介になっていたようです。もしかすると巡礼の際に、定宿にしていたのかもしれません。エルサレム市内は三大巡礼祭のときには混雑するからです。そのとき、小さな事件が起こったというのです。ラザロの姉妹であるマリアという女性がキリストに純粋なナルドの香油を浴びせかけてしまったのです。

当時、賓客を食事に招くのに、もてなしの一環として香油を注ぐ習慣がありました。正式なもてなしは次のような順序でおこなわれました。賓客はまずその家の召使いに足を洗ってもらいます。次に白い衣を着せられます。それから頭に香油を注がれます。そして食卓を中心に、左肘で体を支え横になります。原文の新約聖書ギリシア語で確かめてみると、ちゃんと「横になる＝ケイマイ＝κεῖμαι」と書いてあります。横になって食事をするのは行儀の悪いことのように思いますが、これは自由人のしるしでした。

こうした習慣に照らしてもマリアのおこないは度がすぎていました。通常使われる香油より高価でしたし、何しろ注ぎかける油の量が多すぎるのです。ここでそのときの情景を想像してみましょう。福音書を読むことは、ときに想像力を求めるものだからです。そして想像力は、日常の時間と空間の制約を超え、黙想において追体験をもたらします。

マリアはローマン・グラス製の細頚瓶《ほそくびへい》を携えて会食の場へやって来ました。織田昭著『新約聖書ギリシア語小辞典』によれば、当時、アラバスター（雪花石膏《せっかせっこう》）という言葉でローマン・グラスをさしたといわれます。灯火に照らされ、マリアの抱えた細頚瓶が柔らかい光を放ちます。会食の場にはイエス・キリストと十二人の弟子たちが食卓を囲んで身を横たえています。そしてキリストの所へ来ると、マリアは、突然、その細頚瓶の頚《くび》を「へし折り（συντρίβω＝シュントリボー）」、ナルドの香油を頭だけではなく足にまで注ぎかけたのです。あたりはむせ返るようなナルドの匂いに包まれました。婚宴を連想させる甘い匂いです。あっけに取られる弟子たちを尻目に、彼女は自分の髪の毛でキリストの足に流れた香油を拭い出したのです。

これは、もてなしとはいえ、常識はずれな行動でした。そのとき、弟子たちの何人かは憤慨したと福音書は告げています。もてなしも度を越すと相手に失礼になることは、わたしたちもよく理解できることでしょう。こうした憤慨した者の中にイスカリオテのユダもいました。そしてヨハネによる福音書は、ユダが次のように言ったと報告しています。

『なぜ、この香油を三百デナリオンで売って、貧しい人に施さなかったのか。』彼がこう言ったのは、貧しい人々のことを心にかけていたからではない。彼は盗人であって、金入れを預かっていながら、その中身をごまかしていたからである。

（ヨハネによる福音書一二章五―六節）

この記事からユダについてさまざまなことがわかります。第一に、ユダは「金入れを預かっていた」といわれています。ユダは他の弟子たちとは違って会計の働きを任されていたわけです。会計を任せるのは、たいてい計算ができ、どのくらいの収入があり、また何にどのくらいの費用がかかったのかきちんと把握できる人でなければなりません。物事を数量で把握できること、いわゆる経済的合理性を知っていること、また責任感の強い人でなければなりません。つまりちゃらんぽらんな人では困ります。もちろん実際には、そのような人が会計を担当し混乱を招く場合もあるでしょうが、少なくともユダはそういう意味ではしっかりした人物であったようです。他の弟子たちも、またイエス・キリストもそのように考えていました。たとえば、イエス・キリストがいわゆる「最後の晩餐」の席で裏切りを予告し、イスカリオテのユダが出て行ってしまったとき、他の弟子たちがこんな感想を述べたとヨハネによる福音書は伝えています。

ある者は、ユダが金入れを預かっていたので、『祭りに必要な物を買いなさい』とか、貧しい人々に何か施すようにと、イエスが言われたのだと思っていた。（ヨハネによる福音書一三章二九節）

この「祭り」とは過越祭のことです。すでにお話ししたように、エジプトから救い出されたことを記念する祭りのことです。巡礼祭ですから国内はもちろんのこと、海外のユダヤ人もエルサレムにやって来たわけです。このとき、祝祭に参加するため神殿で献げる犠牲や祝宴のために決められた食材を求める必要がありました。旧約聖書を見ると、そうした食材として子羊の肉、酵母を入れないパン、苦菜が挙げられています（出エジプト・一二・八）。さらに貧しい人々も共に出エジプトという救いにあずかったことを覚えて、彼らに施しもする必要がありました。ユダは会計という立場上、こうしたことについてイエス・キリストとたびたび相談したと考えられます。

またマタイによる福音書には次のような記事があります。ファリサイ派の人々がイエス・キリストにローマ皇帝に税金を納めてよいかどうか尋ねたことがありました。これはキリストを訴える口実を得ようとしてのことです。キリストが納税すべきであると答えたなら神の敵であると訴え、納税すべきでないと答えたなら皇帝の敵であると訴えるつもりであったわけです。そこでキリストは、当時、流通していたデナリオン銀貨を見せ「これは誰の肖像と銘か」と尋ねました。そこには、ローマ皇帝アウグストゥス、あるいはティベリウスの肖像と銘が鋳造されていました。だから、どんな思想や考えを主張するにせよ、現実には皇帝の支配下にいる、ということを確認させたわけです。キリストの現実主義です。その上で、キリストは人々に**「皇帝のものは皇帝に、神のものは神に返しなさい」**と言われた、というのです（マタイ二二・二一）。神かカイザルかという二者択一を迫ることは、神と人間を同列に置いていることです。かつて大日本帝国の特別高等警察も「神と天皇陛下とどちらが偉いか」とキリスト者に尋問したといわれます。それも神と人間を同列に置くことです。キリストの目には、それはまったく観念的でありナンセンスなこととして映ったわけです。創造主である神と被造物を同列にしているからであって、それは茶碗と茶碗を作った人間を同列に置き、どちらが力があるかを比較対照しているような話だからです。ともかくここで見つめておきたいのは、キリストと弟子たちもちゃんと納税していたということです。

このようにイスカリオテのユダは、他の弟子たちと違って、巡礼祭の費用、食費、貧しい人々への施し、納税など、イエス・キリストと弟子団が地上において活動するのに必要な経費について、キリストと相談し心砕くという特別な奉仕をしていたことがわかります。

第二に、ユダは、その香油が純粋なナルドであることを見分け、そしてそれが三〇〇デナリオン相当の価値があることを一日で見積もりました。当時、日雇い労働者の一日の労賃は一デナリオンといわれます。ですからほぼ年収に匹敵する金額です。ユダは香油を一目でそのような価値があると見積もったわけです。世間で売り買いされる品物の価値がよくわかっている、ということです。これは誰もが簡単にできることではありません。たとえば、卑近な話で恐縮ですが、今日、喫茶店やレストランで食べるサービスランチの値段なら見当がつくかもしれませんが、香水の値段となるとどうでしょうか。愛好家や専門家を除くと、直ぐにわかるわけではないでしょう。ネットなどでメーカーや商品名を検索してやっとわかるのではないでしょうか。ましてや当時は今日のような意味で商品の定価が定まってない時代です。売り手と買い手で値段の駆け引きを楽しんだといわれもします。見当もつかないのではないでしょうか。しかしユダは一目でその香油は三〇〇デナリオン相当であるとわかったわけです。その意味で、ユダは世情に明るい人であったと思われます。つまり当時、流通していた物や人々、それらの価値や評判、また流通機構とそれを支える当時の社会の仕組みをほぼ理解していたわけです。したがってまた、当然、貧富の格差についてもよく理解していたことでしょう。

そして第三にユダは「なぜ、貧しい人々に施さなかったのか」と義憤にかられて言っています。先にも引用したように、ユダが「最後の晩餐」の席から出ていくとき、他の弟子たちは「貧しい人々に何か施すようにと、イエスが言われたのだと思っていた」とありました。これは、イエス・キリストの弟子団が巡礼祭のときだけでなく日頃「施し」にも気を配っていたことを示しています。

当時、施し・祈り・断食の三つは、代表的な善行と考えられていました。マタイによる福音書六章はこうした三大善行を念頭にしています。特にファリサイ派というグループは、神の律法を遵守することに熱心であり、こうした善行を懸命におこないました。それは、律法遵守によって日常生活全体を聖化し、神の支配を来たらせるためでした。そのことは、当然、ローマ帝国の支配に終わりをもたらすという政治的な動きへと連動しています。そこで熱心なあまり、律法を遵守できない人々を罪人であると断罪し、差別するにいたります。そのため民衆から「ファリサイオイ」とよばれました。これは当時の日常生活の言葉であったアラム語「ペルシーム」から出た言葉で「分離する者たち」という意味です。

そういう彼らには、イエス・キリストとその弟子たちは律法遵守という点でルーズに見えました。したがってまた、神のご支配の実現を妨害する邪悪な勢力に見えたのです。ローマ帝国という異邦人による支配や罪人に加担する者たちであり、反神的勢力である、ということです。だからこそ、キリストに論戦を挑んで敗れると、この方を殺害する計画を立てています。邪悪なものは排除すべきである、と真面目に思ったからです。

しかしイエス・キリストは律法を軽視していたわけではありません。むしろご自分が律法の実現であるとし、その意味で善行を勧めていました。そこにはファリサイ派と決定的に違う点があります。それは、人間の善行は神のご支配をもたらしはしない、ということです。神のご支配は神ご自身がもたらすものです。人間はその恵みによって神のご支配に入れられていることを知らされ、神に対する感謝として三つの善行に励むのです。

さて以上のことを踏まえると、イスカリオテのユダは、マリアの常識はずれな行動に直面し、普段から教えられていたことを、いわば条件反射的に口走っただけのことではないでしょうか。その意味で、ユダは確かに「貧しい人々のことを心にかけていたわけではない」のです。ユダは、感謝としての施しができない、ということです。ユダは当時の社会状況を承知していましたし、会計の責任もありました。何よりも貧しい人に対する施しには、他の弟子たち以上に関心があったと思ってよいでしょう。そのためでしょうか。ユダはイエス・キリストがもたらす神のご支配に対する感謝として施しをいっているのではなく、自分の考える平等な世界の実現のために、キリストの頭越しに施しを要求したわけです。彼はマリアがどんな気持ちでキリストに油を注いだかを想像することはなく、ただお金の分配を考えているだけです。そしてこのような感覚は、他の弟子たちも共有されているものでもありました。

第四に、ヨハネによる福音書はユダについて「**彼は盗人であって、お金を誤魔化していた**」といっています。また使徒言行録によれば「**ところで、このユダは不正を働いて得た報酬で土地を買った**」ともあります（使徒一・一八）。イエス・キリストをユダヤ当局に売り渡したお金で土地を買ったという意味です。こうしたことから、ユダは金銭に貪欲な人間に違いないと考えられてきました。

しかし意外なことに、福音書には、この他にユダが盗みを働いた事実やお金を横領した事実を報告する記事は一切ありません。そこでたとえば、ヘンリック・パナスは歴史小説『ユダによれば』（小原雅俊訳、恒文社、一九七八年）の中で、お金の流通の仕組みを知らない者にとっては、ユダの金銭の取り扱いかたが誤魔化しに見えたのだろうと考え、ユダを弁護します。またユダは土地を買ったといわれていますが、それについても、イエス・キリストの弟子団が再起するための場所を確保するためだったと想像したりします。どう考えたらよいのでしょうか。

ヨハネによる福音書は「彼は盗人である」と断定していますが、この福音書を読むと、この「盗人」という語は普通の意味よりももう少し奥行きがあることがわかります。

はっきりいっておく。羊の囲いに入るのに、門を通らないでほかの所を乗り越えて来る者は、盗人であり、強盗である。（ヨハネによる福音書一〇章一節）

このように言った上で、イエス・キリストはご自分を「羊の門」に譬えています。したがって「盗人」とは、キリストに従う者ではない、という意味になります。だから少なくともユダはキリストのみ心と違うお金の使いかたをしたということではないでしょうか。またユダが何のために土地を買ったにせよ、それもキリストのみ心と違っていると言わねばなりません。こうして見ると、ユダは、どうやらキリストに忠実ではなかった、という姿も浮かび上がってきます。ここでユダの人物像を箇条書きにしてみましょう。

一、パレスチナ南部ユダヤ地方ケリヨートの出身である。
二、父親はシモンである。
三、父親もその子ユダもイスカリオテとよばれた。
四、イエス・キリストの弟子になった。
五、イエス・キリストの使徒に任命された。
六、ユダは、しっかりした人であり、世事に明るかった。
七、イエス・キリストの弟子集団の中で会計という特別な奉仕をしていた。
八、イエス・キリストとは会計のことで相談するような間柄であった。
九、イエス・キリストと違った考えを抱いていた。

このようにイスカリオテのユダは、ユダヤ地方出身で世事に長けた有能な人という、ごく平凡な人物像が浮かび上がってきます。いわゆるオカルトじみた悪魔の化身といった人ではないのです。

第六章　ユダとは何者か

(一)洗足とユダ

これまでユダをいわば外側から眺めてきました。それでは、その内側はどのようなものであったのでしょうか。それを考える上でヒントになるのが「洗足の記事」です。

イエス・キリストは、御自分が十字架刑に処せられ死ぬ前に、過ぎ越しの食事といって、イスラエルの民が神によって救い出されたことを記念し祝う過越祭の食事を弟子たちと共にしました。これがいわゆる「最後の晩餐」です。場所はエルサレム市内の「**ヨハネとよばれるマルコの母**」の家の二階座敷であったと考えられます(使徒一二・一二)。この食事の直前にキリストは一風変わったことをなさったのです。腰に手ぬぐいを回し、弟子たちの足を洗ったというのです。これが「洗足の記事」です。
「足を洗う」というのは、これも香油の注ぎと同じく、宴会に招いた賓客をもてなす作法の一つでした。当時の人々はサンダルをはいていました。ですから宴会に招かれて来る人の足は土埃にまみれていますし、サンダルの紐が足を締め付け鬱血しています。そのため足を洗うことがもてなしの一つと考えられ、召使いがおこないました。ところがイエス・キリストはその召使いのすべきことを自らおこなったのです。キリストがそのようなことをおこなったのには理由がありました。それをヨハネによる福音書は次のように伝えています。

さて、過越祭の前のことである。イエスは、この世から父のもとへ移る御自分の時が来たことを悟り、世にいる弟子たちを愛して、この上なく愛し抜かれた。（ヨハネによる福音書一三章一節）

ここから明らかなように、イエス・キリストは御自分の愛を示すために、仕える者の姿勢を取り、足を洗ったというのです。足は地を踏み、土埃に汚れます。それと同じように、キリストに救われた者たちも、直ちに天国を歩むのではなく、この地上を歩みます。そしてその中で自らの弱さのゆえに罪や失敗を犯し汚れます。キリストは、洗足によって、救いにあずかった人間のもつそのような汚れをも御自分が引き受けるということを明らかにしたのです。まさしく「この上なく愛し抜かれた」のです。

しかしまさにそのとき、ユダはイエス・キリストを裏切る考えを抱くにいたった、というのです。ヨハネによる福音書は次のように続けます。

夕食のときであった。既に悪魔は、イスカリオテのシモンの子ユダに、イエスを裏切る考えを抱かせていた。
（ヨハネによる福音書一三章二節）

「イエスを裏切る考え」とは、特に「世にいる弟子たちを愛して、この上なく愛しぬかれた」イエス・キリストを裏切る、ということです。だからキリストの愛に失望し背を向け、それを拒絶する、ということです。言い換えると、ユダは、キリストの愛は人を救わない、と考えるようになったということです。キリストの愛による救いは美しいかもしれないが、非現実的である、という考えです。

ところで、仮にユダの意見が正しいとすると、これまでイエス・キリストに出会い救われた大勢の者たちはどうなるのでしょうか。その救いは、非現実的だった、絵空事であり虚偽であったということになるのでしょうか。そうではないはずです。キリストの救いが非常に現実的であったのです。

いったい、人間にとって現実的なこととは何でしょうか。「世の中、所詮、金と女」という人もいれば、さらに「欲である」という人もいるでしょう。しかし人間にとって一番現実的なことは、死ぬということです。貧しい人も死にますが、富む人も死にます。たとえば、「最近、あの人は大金持ちになったから、どうやら死ななくなったらしい」といった事情にはないわけです。

けれども人が死ぬことは、いくら自然なことであるといっても納得できることではありません。特に愛する者の死は堪えがたい悲しみをもたらし、受け入れることが困難です。わたしたちの愛する者は死ぬためにこの世に生まれてきたわけではないからです。またわたしたち自身も死ぬためではなく、生きるためにこの世に生まれてきたはずです。

そこでわたしたちは日常生活をおくる上では、たいてい、命に向かって歩むため、死を忘れます。またそうでなければ生きていけません。たとえば「一秒後に、わたしは死ぬ」と意識し続けながら生きることは、わたしたちは耐えられないことです。むしろ死を忘れ、生命力に満ち溢れた人生を生きたいと願います。実際、バブルの時代は「キラキラ輝いて生きる」といったキャッチコピーが流行したことがあったわけです。しかし仮に「キラキラ輝いて生きる」ことができたとしても、死がなくなるわけではありません。誰もが生きることを願っているのに、確実に死を迎えます。これは矛盾であり、悲惨以外の何ものでもないでしょう。

聖書は、そのような人間の死を自然なことである、とは決していいません。人間が神との交わりを破壊した結果、人間にやってきたものと考えます（ローマ五・一二）。イエス・キリストがおこなった救いとは、こうした人間存在の根本的な変革です。神との交わりを回復することによって、死なない命という新しい命を人間に差し出しているのです。

そしてイエス・キリストが多くの人々におこなった癒しの奇跡は、多かれ少なかれこのことをさしているものです。奇跡の働きは、いわば行動言語なのであって、キリストにあって新しい命が訪れたことをさし示します。他の人の奇跡には、そうした新しい命をさし示すという「しるし」の機能がありません。そのため結局、奇跡をおこなった人を神として崇めるだけでおわりになります。しかし、キリストのおこなった奇跡は、目に見える奇跡をとおして、神のご支配に入れられ新しい命に生きる者にされるという、目に見えない奇跡を証言するものなのです。その意味で、キリストによって奇跡的に癒された者たちは健康を回復するとともに、キリストの差し出す新しい命に生きる者となったわけです。あるいは、逆に言えば、キリストによって癒された者たちも、その後、人間としての死を迎えます。ということは、キリストのおこなった奇跡の有効性は、癒しの奇跡そのものではなく、それをとおしてさし示めされた新しい命にある、ということです。このようにキリストによって救われた者たちの救いは、絵空事ではなく、厳しい生活状況の中であるにせよ、積極的に生きる者に変えられていったわけです。

そのようにイエス・キリストの救いが現実であるとするならば、イスカリオテのユダの方が非現実的であると言わねばならないでしょう。ところで悪魔は、まさにそのような非現実的な考えにこそ、登場してきます。たとえば、人を憎むとき、わたしたちは「敵」という観念をとおして憎みます。その人にも親があって、赤ん坊の時代や青年の時代があったのであり、この人もまた死ぬべき存在であるといったことを見ることができないのです。つまり、ありのままの現実を見ることが不可能である、ということです。逃げ場もなく自分に恐怖と苦痛を与える者に直面する特定の状況の中で、ただ憎むべき敵であると思うのです。そしてそれが現実的であると思います。そこにおいてこそ悪魔は跳梁《ちょうりょう》し、人間を「敵」という観念の檻に閉じ込めた上で、殺しあいをさせるのです。

そこで観念に取り憑かれた人間を描いたことで思い出されるのは、ドストエフスキーです。その代表作『罪と罰』の主人公ラスコーリニコフはロマノフ王朝末期のペテルブルクに住む大学生でした。急速に進む近代化・都市化・工業化・資本主義化とロシア正教の伝統文化の狭間で貧困に悩みつつ、勉学に勤しんでいるはずでした。しかし彼はナポレオンのような英雄になることを夢見て、自分が殺す権利のある英雄の側に立つ人間であることを確かめるために、高利貸しの老婆アリョーナ・イワーノヴァナを社会悪であると思い定め、殺害を決行しました。しかしそれは社会悪という観念を破壊することではなく、生身の人間を殺すことでした。そのことを明瞭に示すため、ドストエフスキーは、ラスコーリニコフにアリョーナだけでなく、彼女の妹の善良なリザヴェータ・イワーノヴァナをも殺害させているわけです。もっとも亀山郁夫氏の読書ガイドによれば、ドストエフスキーはこの場面を描くにあたり、当時ペテルブルクで起こった宝石商殺害事件と高利貸し商殺害事件を参考にしているそうです。その内の前者では老女二人が殺害されています。しかし、それをそのままラスコーリニコフの殺害にあてはめたと考えては機械的な理解になるのではないでしょうか。ドストエフスキーはリザヴェータ殺害の場面では彼女を特に子どものイメージで描いています。

それは、ごくおさない子どもが何かにおびえ、その恐ろしい相手をじっと見つめながら、いまにも泣き出そうとするかのようだった。

（亀山郁夫訳『罪と罰』光文社古典新訳文庫、二〇〇八年、一八九頁）

それによってラスコーリニコフが殺害したのは、社会悪という観念ではなく、まさしく彼が英雄になって助けたいと思っていた命であったと言っているわけです。

またアドルフ・アイヒマンは、一九六一年にエルサレムでおこなわれた「アイヒマン裁判」において、ユダヤ人大量虐殺の責任者として知られるようになりました。村上春樹氏が『海辺のカフカ』（上・下巻、新潮文庫、二〇〇五年）においてそのことを上手く描いていますので引用してみます。

彼は戦争が始まって間もなく、ナチの幹部たちからユダヤ人の最終処理——要するに大量殺戮——という課題を与えられ、それをどのようにおこなえばいいかを具体的に検討する。そしてプランをつくる。その行いが正しいかどうかという疑問は、彼の意識にほとんど浮ばない。彼の頭にあるのは、短期間にどれだけローコストでユダヤ人を処理できるかということだけだ。彼の計算によれば、ヨーロッパ地域で処理するユダヤ人の数は全部で一一〇〇万人ということになった。

何両連結の貨車を用意し、ひとつの貨車に何人のユダヤ人を詰めこめばいいか。そのうち何パーセントが輸送中に自然に命を落とすことになるか。どうすればもっとも少ない人数でその作業をこなすことができるか。死体はどうすればいちばん安あがりに始末できるか——焼くか、埋めるか、溶かすか。彼は机に向かってせっせと計算する。計画は実行に移され、ほぼ計算通りの効果を発揮する。戦争がおわるまでにおよそ六〇〇万（目標の半分を超えたあたり）のユダヤ人が彼のプランに沿ったかたちで処理される。しかし彼が罪悪感を感じることはない。

（『海辺のカフカ』上巻、新潮社、二〇〇二年、二七六－二七七頁）。

長く引用しましたが、一読しておわかりのように、アイヒマンにとって、ユダヤ人は、もはや、憎むべきユダヤ人という観念ですらなく、経済合理性に従って処理すべき一一〇〇万という単なる数量になったということです。そして数量となってしまえば、一人ひとりの人間の死に何の意味もないということになります。まさしく大量生産の死であって不条理な死です。ここに究極の惨たらしさがあります。

そしてこうしたことは遠い外国の話ではなく、わたしたちの先輩たちも経験したことでもあるのです。たとえば、半藤一利氏は『B面　昭和史』において、旧日本軍が軍事教練の名のもとで中学生に「対抗ビンタ」といって生徒を向かい合わせに並ばせ、教官の号令とともに一方が相手をなぐり、次に殴られた方が殴り返すことをさせられたと述懐しています。

> 鉄拳制裁やビンタなどはもう日常茶飯事、といえるくらい激しくなった。対抗ビンタというものもある。指名された二人がお互いに向かい合って、教師の「ヤメ」の号令がかかるまで交互に頬をひっぱたき合うのである。（『B面　昭和史』平凡社、二〇一六年、四九三頁）

また、奥泉光氏はプロテスタントの作家ですが、『グランド・ミステリー』において、ミッドウェー海戦で被弾し沈みゆく空母「蒼竜」の船室で上官が部下を私的制裁している姿をまるで修羅の世界のように描き出しました。

はじめ！　と号令が響いて、すると列の左側に立った人間たちがいっせいに身体を動かし、右側に立った人間たちの顔を握った拳で殴った。……同じことが四度繰り返されて、今度は右側の兵隊たちが殴る番になった。（『グランド・ミステリー』角川文庫、五三五－五三六頁、二〇一三年）

こうした私的制裁は、もはや、軍事教練とは言えず、ただ人為的に「敵」という観念の檻に叩き込む悪魔的な仕業でしかないでしょう。

なお、伊藤桂一氏はご自身の体験にもとづいて『兵隊たちの陸軍史』を著していますが、その中で私的制裁の効用を語っています。

私的制裁が、人間性の蹂躙であることはたしかである。しかしそれは制裁されている時点においてそうなのであって、その時点が過ぎきってしまうと、意味は違うのである。いじめられて鍛え上げられた兵隊は、耐久力があって敏感で、戦場へ出たとき境遇に早く馴れる。ということは、死ぬ率が少なくなるのである。これだけははっきりしている。

（『兵隊たちの陸軍史』新潮文庫、二〇〇九年、一一六頁）

これは戦場というカオス的な状況を体験した人の言葉であって、ご本人の真実であるのは間違いないことでしょう。しかしだからといって、一般化してはならないと思います。第一に、私的制裁で「事故死」した兵がありますし、第二に、私的制裁に耐え切れなかった兵もいます。第三に、旧日本軍を打ち負かした米軍や海外の軍は私的制裁によって兵を強化したのか、非常に疑問だからです。伊藤氏に深甚なる敬意を表しつつも、私的制裁で兵の強化を容認することは、旧日本軍の教練の劣悪さを放置することになると言わねばならないでしょう。その上で、その劣悪さは「人間性を蹂躙」するものであって、兵の命を鴻毛《こうもう》よりも軽いとした『戦陣訓』に由来しますから、当然、「万世一系の天皇」という建国神話とその政治的な悪用の双方を批判しなければならないでしょう。

ともかくこのように悪魔は敵という観念において跳梁跋扈《ちょうりょうばっこ》するのです。そして悪魔はイエス・キリストの愛を、この世において無力なもの、信頼に値しないものであるといって誘惑してきます。イスカリオテのユダは、こうした誘惑を受け入れてしまうのです。だからユダの考えは悪魔の考えと等しいものになります。ユダは悪魔に完全に心を奪われてしまった、ということです。

このように考えると、ユダは悪魔の化身のような恐ろしい存在ではなく、思いの外、わたしたちに身近な存在ではないでしょうか。わたしたちもしばしば、この世界の有様と自分自身の有様を見つめ、イエス・キリストの愛による救いは美しいけれども非現実的なお話ではないかと思いやすいからです。あるいはキリストを信じることは実生活において何の役にも立たない「キレイゴト」ではないのかと思いやすいからです。

しかしまた、ユダとわたしたちの違いもあります。それは何よりもユダは使徒であったということです。イエス・キリストによって特別に選ばれ、派遣された者なのです。しかもキリストの愛を知った上で、さらにそれは人間を救わないと独り決めし、結論を出してしまったことです。これは、誰にでもあてはまることではないのです。それは、ユダがこれまで見たキリストの救いと救われた人々をすべて否定することであり、またキリストに従った自分の人生をすべて否定してしまうことです。それには人間の通常の力を超えた力が必要です。つまり誰もがユダになれるわけではないということです。

ともかく「洗足」の記事を読むと、ユダもイエス・キリストによって足を洗ってもらったことがわかりますが、しかしもはやその愛に心を閉ざしています。おそらくユダは自分の足を洗うキリストを見下ろし、憐れみの表情さえ浮かべ、あたかも保護者のような態度になっていたのではないでしょうか。

㈡裏切りの予告

さて足を洗い終わると、イエス・キリストにとって地上で最後の過越祭の食事になります。その席でキリストは裏切りの予告をします。福音書は次のように伝えています。

わたしと一緒に手で鉢に食べ物を浸した者が、わたしを裏切る。
（マタイによる福音書二六章二三節）

イエスは言われた。『十二人のうちの一人で、わたしと一緒に鉢に食べ物を浸している者がそれだ』。
（マルコによる福音書一四章二〇節）

しかし、見よ、わたしを裏切る者が、わたしと一緒に手を食卓に置いている。
（ルカによる福音書二二章二一節）

イエスは、『わたしがパン切れを浸して与えるのがその人だ』と答えられた。それから、パン切れを浸して取り、イスカリオテのシモンの子ユダにお与えになった。ユダがパン切れを受け取ると、サタンが彼の中に入った。そこでイエスは、「しようとしていることを、今すぐ、しなさい」と彼に言われた。……ユダはパン切れを受け取ると、すぐ出て行った。夜であった。

（ヨハネによる福音書一三章二六―三〇節）

いわゆる「最後の晩餐」の場面です。それを四つの福音書はさまざまに伝えています。これらの記事を読むとわかることがいくつかあります。

第一に、イエス・キリストは裏切りが起こることを予告しますが、裏切り者を名指ししてはいない、ということです。キリストにとって「裏切り者は誰か」といった、いわゆる犯人探しには関心がない、ということです。

他方、このときの弟子たちは、そもそもキリストに従うことが真実に何を意味するのかわかっていません。ただ弟子たちの気分は、誰もキリストを見て捨てたり、裏切ったりするはずはない、ということなのです。その点をマルコによる福音書は典型的に伝えています。

ペトロは力を込めて言い張った。『たとえ、ご一緒に死なねばならなくなっても、あなたのことを知らないなどとは決して申しません。』皆の者も同じように言った。
（マルコによる福音書一四章三一節）

この「皆」の中にイスカリオテのユダも含まれています。イエス・キリストにどこまでも従っていくという高揚した気分を、ユダもまた共有しているのです。

では、イエス・キリストは裏切りの事実を予告することで何を明らかにしようとしているのでしょうか。それは次のようなことです。これから起こるキリストの十字架の死は、これまでキリストが語ってきた「受難予告」の実現である、ということです。

この「受難予告」とは、イエス・キリストが、その生涯の歩みの中で、弟子たちに対し、ご自分が神のご意思と一致して最高法院に引き渡され、さらに異邦人に引き渡され殺され、復活すると予告した記事のことです。こうした記事は、後代の教会が創作したものと考える人もあります。すでに起こったキリストの十字架と復活を生前のイエスに遡って語らせた「事後予言」である、というわけです。しかし、はたしてそのように整理して言えるでしょうか。

当時のイスラエルの民も今日のユダヤ人も「シェマー」を告白しました。それは申命記六章四節から五節に出てくる冒頭の言葉で、次のようなものです。

聞け（シェマー）、イスラエルよ。我らの神、主は唯一の主である。あなたは心を尽くし、魂を尽くし、力を尽くして、あなたの神、主を愛しなさい。（申命記六章四―五節）

ユダヤ人は、当時、神殿礼拝や会堂礼拝などで告白するだけでなく、「ティフリン＝聖句の入った小箱」（マタイ二三・五）といってシェマーの紙片を小箱に入れて身につけて祈ったり、出入り口にはやはりシェマーの紙片をいれた「メズサー」といわれる小箱を斜めに取り付け、出入りに際してはふれたりして、記憶に留めていました。イエス・キリストもユダヤ人の一人ですから、当然、そのようにしてシェマーを重んじ、神に仕えたといってよいのです。さらにこの告白に「**自分自身を愛するように隣人を愛しなさい**」（レビ一九・一八）を結びつけ、それを実際に歩み抜いて見せた点にキリストの独自性があります。このような神への奉仕の究極の形が「受難」として結実していったわけです。実際、「**人の子は仕えられるためではなく、仕えるため、また多くの人の身代金として自分の命を捧げるために来た**」（マタイ二〇・二八）と言っているわけです。ここにいう「人の子」はキリストをさしているわけです。神を愛するとは、隣人を愛することに繋がるということを示したのです。そして愛とは身を献げ尽くすという形になります。だから「受難予告」の中核には、ユダヤ人であるキリストのシェマーの告白があることは確実です。

そうしてみると「受難予告」を後代の教会の創作であると決めてしまうと、イエス・キリストがユダヤ人であってシェマーに生きたという事実を覆い隠すことになるのではないでしょうか。さらに言えば、そのことによって知らず知らずのうちに反ユダヤ主義の影響の中に入ってしまっているのではないかと思います。しかし、キリストは確実にユダヤ人としてシェマーに従って神に全存在をあげて奉仕したのであって、その究極の形が代理的な受苦なのです。この受苦をとおしての神の愛の勝利を示しています。そこで福音書は、キリストの「受難予告」に関する話を、使徒たちの証言を用いて整え、記したわけです。

だからイエス・キリストが裏切りを予告するのも、ご自分の受ける苦しみと死がただ単に最高法院の実力者大祭司カイアファの策謀やローマ総督ポンティオ・ピラトの政治力学によって惹き起こされるのではなく、神のご意思によって惹き起こされる、ということを示すためです。すなわち神は、キリストの愛に失望したユダの裏切りを用いて悪魔の総攻撃を許し、それをキリストに負わせているのです。だからキリストも、ここでユダを名指しして十字架における死を避けるようなことをせず、むしろ悪魔の総攻撃を引き受ける決意をしているのです。それは、御自分の死において悪魔を滅ぼし尽くし、勝利するためです。ヨハネによる福音書は、そのような勝利を「栄光」と言っています。

さて、ユダが出て行くと、イエスは言われた。『今や、人の子は栄光を受けた。神も人の子によって栄光をお受けになった。』

（ヨハネによる福音書一三章三一節）

イエス・キリストの十字架の惨めな死が栄光であるとは、通常、考えられません。十字架刑はローマ帝国が反乱を起こした者に対しておこなう最も残忍な処刑方法です。鞭打ちによる出血多量、肩関節の脱臼、鎖骨による気管の圧迫、窒息による緩慢な死をもたらし、最終的には槍で刺殺し、その死体をさらしものにします。ですから、そうした悲惨な十字架の死が救いをもたらす神の栄光であるなどとは、確かに愚かな考えでしょう。しかし、それがキリスト教信仰の核心なのです。この点を後に使徒パウロは次のように書き記しました。

わたしたちは、十字架につけられたキリストを宣べ伝えています。すなわち、ユダヤ人にはつまずかせるもの、異邦人には愚かなものですが、ユダヤ人であろうがギリシア人であろうが、召された者には、神の力、神の知恵であるキリストを宣べ伝えているのです。

（コリントの信徒への手紙一、一章二三―二四節）

これは、当時、ギリシアの港湾都市コリントで急成長した教会に宛てた手紙の一部です。十字架刑で刑死した者が救い主であるとは、当時の人々にとっては胸の悪くなるようなこと、受け容れがたいことだったでしょう。だから当時の人々がイエス・キリストの死を語るのに、十字架を括弧に入れて証言することがあったとしても不思議ではありません。それだけにパウロの言葉は異様であり、独特です。十字架を積極的に語るからです。パウロの言葉は、コリント教会の人々に戸惑いや困惑を惹き起こしたと思われます。

またそれは、今日のわたしたちも同じです。たとえば、芥川龍之介の短編に『おしの』という作品があります。いわゆる「キリシタンもの」です。おしのは、神父からイエス・キリストが救いをもたらすために十字架上で「わが神、わが神、どうしてわたしをお見捨てになったのですか」と叫んだという話を聞き、次のように言うのです。

（自分の夫一番ケ瀬半兵衛は浪人とはいえ見事に討ち死にした。）「それを何ぞや天主ともあろうに、たとい磔木にかけられたにせよ、かごとがましい声を出すとは見下げ果てたやつでございます。そういう臆病ものを崇める宗旨に何の取柄がございましょう？」

（『奉教人の死　煙草と悪魔他十一篇』岩波文庫）

このように言い放つのです。夫の死を誇りにして生きている一人の女性の姿が生き生きと描かれています。ここにあるのは武家の感覚であると限定するよりも、むしろ人生を勝ち負けから見るごく平均的な生活者の感覚ではないでしょうか。そういう者にとって、刑死し敗北した者が救い主であるとは、まさに「異邦人には愚かなもの」であり信じがたいのです。

しかし神とは、イエス・キリストの十字架の死と復活においてご自分を示している方です。これがキリスト教信仰の核心にあることです。教会はこの出来事を、使徒たちの証言に従って解釈しつつ、歩んできたということができましょう。キリスト教神学とは、いわば、十字架の死を使徒たちの証言に従って解釈する学である、とさえいえるわけです。

ところでイエス・キリストの十字架の死を、使徒たちの証言に従って代理的贖罪であると理解する前に、神の存在という観点でとらえるとどうでしょうか。明らかに神はイエス・キリストの十字架の死において不在者としてご自分を示されたということであって、この世界において、十字架の死こそが神の所在である、ということです。

もちろんそうは言っても、神とイエス・キリストの死を単純に同一化することはできないでしょう。キリスト教会は聖書の神を三位一体の神であると告白しています。それは、聖書の信仰の「ヘレニズム化」（フォン・ハルナック）であると評価できますが、当事者たちからいえばキリストの死と復活の後、約四〇〇年もの間、聖書に聞き続けてきた結果なのです。この三位一体は「三つ組みワンセット」という意味ではありません。そういう人間の概念を超越した神が聖書をとおしてご自分を一人でありつつ、父・子・聖霊として啓き示したことを、そのまま告白したのです。この「一」は相対的な世界における数の序列の中の「一」ではありません。むしろ相対的な世界そのものを成り立たせている絶対の一なのです。相対的な世界とは、わたしたちの目に見える世界のことであり、比較対照ができる世界のことです。たとえば、キリスト教は、ユダヤ教・イスラム教と並んで一神教と言われます。しかし丁寧に言えば、キリスト教の一神教は「一神教を否定した一神教」なのです。相対的な世界で唯一絶対の神を語ることは、ただ否定の姿においてだけ、受苦と死の姿においてだけだからです。実際唯一絶対の神はイエス・キリストの死という否定においてのみ、自らを啓き示したのです。ところで、その一人の方には、父の在りかたがあり、子の在りかたがあり、聖霊の在りかたがあり、それぞれ固有の働きがあります。父なる神は創造の働きがあり、子なる神には和解の働きがあり、聖霊には救いの働きがあるのです。これを「人格」に対して「位格」といいます。そのため、確かに、父なる神と子なる神イエス・キリストを混同してはならないのです。それぞれの固有の「位格」があるからです。しかしまた、固有の「位格」は分離されてはならないのです。そこには交わりがあります。これをペリコレーシス（三位相互内在性）といいます。つまり、神は、いわば「聖なる親子関係」において一人の方であって、交わりにおける存在、関係における存在として一人の方なのです。

ところでこの御父と御子との関係は完全無欠な愛にほかなりません。誤解のないように申し上げますが、人間の考える理想の愛という概念があって、それを御父と御子の交わりに当て嵌めているのではないのです。逆です。御父と御子の交わりが、愛というものを定義し、啓き示しているのです。その愛は自他を生かすものです。御父は御子を生かし、御子は御父を生かします。そしてそのような関係において、愛という「場」が成立しています。

そこでそうした御父と御子の交わりに対応し、神は時間の中でキリストの十字架の惨めな死に様において、人間に連帯し、その罪と死を負うほどに深く交わりをもつことによって自己否定し、人間が生きることのできる「愛の場」を創出してくださっているということです。そしてこれは、神が人間の世界において、受苦する者、死ぬ者、不在者としてご自分を示すということです。これが「神は人間の目に見えない」ということの意味なのです。神は、確かに人間の認識対象としてご自分を与えます。しかしそれに優ってわたしたちを生かす「愛の場」になられる、ということです。

第二に、イエス・キリストは「わたしと一緒に鉢に手を浸している者」といっています。当時の人々は食卓を共にすることによって、互助的な関係を確かめたといわれています。しかもこれは「同じ釜の飯を喰った仲」という情緒的な連帯感や絆よりも、法的な意味が強いようです。連帯責任的な関係といってよいかもしれません。そういう意味で、イエス・キリストは、ユダがどう考え行動するにせよ、彼に対して連帯責任的な関係をもっている、ということです。

第三に、ユダはイエス・キリストの許可があって行動しています。ユダはキリストからパンを受け取った後、「しようとしていることを、今すぐにしなさい」と命じられて、はじめて裏切りの実行へと赴くのです。キリストを最高法院に引き渡すわけです。

このことは、ユダが、そして悪魔がイエス・キリストの許可なしには行動できない、ということを意味しています。つまり、キリストはユダの裏切りすらも、またそこに働く悪魔をも支配し、ご自分の救いのお働きに組み込み用いている、ということです。

他方、イエス・キリストのご支配から独立して悪魔が思うがままに力を奮っているというのは、善悪二元論的な世界観です。キリスト対悪魔ということです。この立場では、神と悪魔、精神と肉体、善と悪、教会とこの世、さらにはキリスト教国と異教国を対立するものと考え、また実際に戦うことになり、この世界はその戦場ということになります。

この立場は、実社会で疎外感や生きづらさを抱いている者たちに対し魅力的に働きかけます。彼らの苦しみの理由を統一的に説明してくれるからです。「あなたは本来善の立場にいる。

しかしこの世界が醜悪であるために、不当にも悪の力によってあなたは現在の惨めな立場に貶められている。そこに苦しみの理由がある」と教え、まず被害者の立場に立たせます。その上で、「本来の善に戻るために、身を清め、悪を滅ぼす戦いをせよ」というのです。こうして被害者意識に寄り添いつつ善と悪の戦いという大きな構図の中に組み込んでいきます。こうして地に足のつかない使命感に燃えた人間を生産していくわけです。

しかし聖書は、イエス・キリストのご支配のもとに悪魔も置かれているといっています。キリストの一元的支配であって、教会もこの世界も、善も悪も、精神も肉体も、キリストのご支配のもとで導かれているのです。ですからこの世界における最悪の事態もキリストと無関係に永遠に続くのではなく、必ず終わりがあるのです。そして、そのことを確信させることがキリストの勝利です。すなわちこの方が、わたしたちのために、わたしたちに代わって、罪と死と悪に打ち勝って復活し、勝利者としてご自身を示しているということです。実際に、キリストは「**あなたがたには世で苦難がある。しかし、勇気を出しなさい。わたしは既に世に勝っている**」というのです（ヨハネ一六・三三）。

第七章　ユダの取引

さてイスカリオテのユダは、イエス・キリストをユダヤ当局に逮捕させるため、神殿守衛長のところに出掛け、手引きをします。このためユダはあらかじめユダヤ当局と話をつけておりました。少し時間を遡って、そのことを伝える記事を見てみましょう。

㈠最高法院の動静

まずユダヤ当局の状況を見てみます。マタイによる福音書では次のように伝えています。

イエスはこれらの言葉をすべて語り終えると、弟子たちに言われた。『あなたがたも知っているとおり、二日後は過越祭である。人の子は、十字架につけられるために引き渡される。』そのころ、祭司長たちや民の長老たちは、カイアファという大祭司の屋敷に集まり、計略を用いてイエスを捕らえ、殺そうと相談した。しかし彼らは、『民衆の中に騒ぎが起こるといけないから、祭りの間はやめておこう。』と言っていた。（マタイによる福音書二六章一―五節）

イエス・キリストは、ご自分を「人の子」とよび、過越祭において十字架につけられるために最高法院に引き渡されると予告しています。ちょうど「そのころ」最高法院は、キリストの殺害を計画するものの、過越祭にはやめようといっているのです。これは、マタイによる福音書だけでなく、他の福音書でも共通していることです。その要点を箇条書きにすると次のようになります。

一、最高法院は、イエス・キリストを逮捕し殺害しようと計画していた。
二、しかし最高法院は、群衆が暴動を惹き起こすことを恐れていた。
三、最高法院は、そのためイエス・キリストを殺害することは、過越祭の最中にはおこなわないことにしていた。

ご覧のように、最高法院の計画では、過越祭の期間中にはイエス殺害をおこなわないはずでした。しかし実際には、そうした人間の計画を超えて、イエス・キリストは、過越祭のときに十字架刑に処せられて殺されます。そのきっかけとなるのが、イスカリオテのユダの裏切りという行動なのです。すなわち最高法院へのキリストの引き渡しです。マタイによる福音書は、こうした一連の動きはキリストの救いのご意思の実現である、といっているわけです。そこには、歴史を動かす方はキリストであるという壮大な理解があるのです。

(二)ユダの行動

次にイスカリオテのユダの行動をみてみます。共観福音書はそれぞれ次のように伝えています。

そのとき、十二人の一人で、イスカリオテのユダという者が、祭司長たちのところへ行き、『あの男をあなたたちに引き渡せば、幾らくれますか』と言った。そこで、彼らは銀貨三十枚を支払うことにした。
（マタイによる福音書二六章一四―一五節）

十二人の一人イスカリオテのユダは、イエスを引き渡そうとして、祭司長たちのところへ出かけて行った。彼らはそれを聞いて喜び、金を与える約束をした。そこでユダは、どうすれば折りよくイエスを引き渡せるかとねらっていた。
（マルコによる福音書一四章一〇―一一節）

ユダは祭司長たちや神殿守衛長たちのもとに行き、どのようにしてイエスを引き渡そうかと相談をもちかけた。彼らは喜び、ユダに金を与えることに決めた。ユダは承諾して、群衆のいないときにイエスを引き渡そうと、良い機会をねらっていた。
（ルカによる福音書二二章四―六節）

いわゆるユダの裏切りの場面です。さまざまに語り伝えられています。これらの記事をとおして、事実は何であったのかという関心もあるでしょう。しかし今日のわたしたちがいう意味での歴史的な事実を確定することは不可能でしょう。なぜなら福音書自体は、そのような関心から書かれていないからです。福音書は、ユダがイエス・キリストを裏切ったという事実をさまざまな角度から報道しているのであって、その事件をそれぞれの角度から光を当ててキリストを証言しているのです。

(a)マタイ福音書におけるユダの裏切り理解

そこでまず、マタイによる福音書を検討してみましょう。イスカリオテのユダが銀貨三十枚と引き替えにイエス・キリストを引き渡した、といっています。これは有名な話ですね。「銀貨三十枚でキリストを売ったユダ」です。しかしこれは、マタイによる福音書がユダの一連の行動を旧約聖書エレミヤ書とゼカリヤ書の預言の実現として理解したからです。「**こうして、預言者エレミヤをとおして言われていたことが実現した**」とあるとおりです(マタイ二七・九)。そして預言者エレミヤやゼカリヤの言葉を、「**彼らは銀貨三十枚を取った。それは、値踏みされた者、すなわち、イスラエルの子らが値踏みした者の価である**」として伝えています(同二七・九)。この預言がユダにおいて実現したといっているわけです。こうして「銀貨三十枚」が、いわゆる裏切りの場面でユダの口から言われたと考えるようになりました。

銀貨三十枚は、当時の日雇い労働者の給与一か月分に相当します。また出エジプト記二一章三二節によれば、牛が男女の奴隷に怪我をさせた場合の賠償金です。非常に高価というわけではないのです。マタイによる福音書は、銀貨三十枚ということで、イエス・キリストが賠償の役目を果たすと予め告げようとしていると思われます。

では、ユダはそのお金で何をしようとしたのでしょうか。使徒言行録には「ユダが不正な金で土地を買った」とあります（使徒一・一八）。マタイ福音書には、ユダが神殿に投げ込んだ銀貨三十枚で外国人のための墓地を買ったという記事があります（マタイ二七・七）。その点を箇条書きにすると次のようになります。

一、最高法院はユダにお金を支払う約束をした。
二、ユダは、このとき、お金を受け取ったかどうか定かではない。
三、ルカ-使徒言行録では、ユダは最高法院からお金を受け取り、どこかに土地を購入した。
四、マタイでは、最高法院が、ユダが神殿に投げ込んだ銀貨三十枚で外国人のための墓地を購入した。

このように福音書の証言は一致していません。ここで確認できることは、ユダの裏切りには「金と土地購入」伝承がついて回る、ということです。この点は後でご一緒に考えてみたいことです。

(b)マルコ・ルカ両福音書におけるユダの裏切り理解

次にマルコによる福音書とルカによる福音書を検討してみましょう。そこには銀貨三十枚の話は出てきません。マタイによる福音書のいう「銀貨三十枚でキリストを売ったユダ」という固定観念を取り払って考えると、以下のようなことが浮かび上がってきます。

一、この取引は、ユダが最高法院から銀貨三十枚をもらうかわりにイエス・キリストの居場所を教えるというものではない。

二、ユダが最高法院にイエス・キリストを引き渡す相談に行った、ということが明らかである。そしてこれは最高法院にとっては想定外のことであった。

三、しかし最高法院はユダの提案を喜び、受け入れ、ユダにお金を渡す約束までしている。しかし金銭の授受が、いつおこなわれたか定かではない。

以上の三つの点を検討してみましょう。まずここでいわれているように、ユダが最高法院に相談をもちかけたのであって、最高法院がユダに頼みごとをしたのではないのです。では、ユダがもちかけた相談とはどのようなものでしょうか。

すでにお話ししたように、最高法院はイエス・キリストを殺害するつもりでした。しかしまた、殺害の結果、キリストの弟子集団による神の国運動が民衆の暴動に発展してゆくことを恐れていました。ローマ軍が制圧に乗り出し、最高法院には自治ができないという理由で、自治権を奪うことが予想されるからでした。そこでイエス殺害の実行を延期していたのです。

他方、ユダはどうでしょうか。ユダにはイエス・キリストの愛に対する失望がありました。しかしこの人にはキリストを殺害する意図はまったくなかったのです。マタイによる福音書二七章三節から五節には次のような記事があります。

そのころ、イエスを裏切ったユダは、イエスに有罪の判決が下ったのを知って後悔し、銀貨三十枚を祭司長たちや長老たちに返そうとして、『わたしは罪のない人の血を売り渡し、罪を犯しました』と言った。しかし彼らは、『我々の知ったことではない。お前の問題だ。』と言った。そこで、ユダは、銀貨を神殿に投げ込んで立ち去り、首をつって死んだ。

イエス・キリストがピラトのもとで裁判を受け、死刑判決が下ったときのことです。ユダは、キリストに有罪判決が下り死刑になることを知らされました。そこで激しく後悔して首をつって死んだというのです。ここには、罪なき者を死なせてしまったという後悔があります。後悔のために死んだと思いたくなります。しかしユダが後悔したのは、聖書テキストが明らかにしているように、キリストに死刑という有罪判決が下ることは、ユダにとってまったくの想定外であったからなのです。これを逆に考えると、ユダはキリストを最高法院に引き渡しても、裁判で無罪になるはずであると思っていたことになります。もう一歩踏み込んで言えば、最高法院の裁判になってもキリストは無罪になり、キリストとその活動を存続させることができるはずであると考えていた、ということです。

当時の状況は緊迫していました。すでに人々の中にはイエス・キリストを王に祭り上げようとする動きもあり（ヨハネ六・一五）、またそれに伴いサドカイ派・ファリサイ派の人などとの論戦も激しさを増しています。エルサレム上京に際しては群衆が歓呼の声を上げています（マルコ一一・九―一〇）。つまりキリストの神の国運動は、わたしたちが想像する以上に、広範な盛り上がりを見せ、暴動になりかねない状況であった、ということです。

むろん大規模な運動であったといっても、たとえば同時代の一般の歴史書であるヨセフスの『ユダヤ戦記』にはそのような記事はありません。それはヨセフスが七〇年に勃発する対ローマ戦に到る過程を描くという目的からすればキリストの神の国運動はユダヤ教内部で起こる局所的な騒動の一つであって、ユダヤ戦争に連なる事件ではないと判断したからではないでしょうか。他方、タキトゥス著『年代記』十五巻四十四節には、ネロ帝がローマの大火の責任をキリスト教徒に負わせた件に次のような記述があります。


この一派のよび名の起因となったクリストゥスなる者は、ティベリウスの治世下に、元首属吏ポンティウス・ピラトゥスによって処刑されていた。その当座は、この有害きわまりない迷信も、一時鎮まっていたのだが、最近になってふたたび、この禍悪の発生地ユダヤにおいてのみならず、世界中からおぞましい破廉恥なものがことごとく流れ込んでもてはやされるこの都においてすら、猖獗《しょうけつ》をきわめていたのである。

（『年代記（下）』岩波文庫、一九八一年、二六九－二七〇頁）

タキトゥスはネロ帝の罪を軽減しようとしてキリスト教徒がいかに有害な者たちであるかを示すために、イエス・キリストと神の国運動を持ち出しています。

このように歴史書は中立公平に過去の事実を記述しているというよりも、その歴史家の歴史観に従って諸事実をピックアップし、再編しているものなのです。ともかく四つの福音書は、キリストと神の国運動が、少なくとも、当時の最高法院が対応に苦慮しなければならないほどに影響力をもつものであったといっているわけです。

そこでイエス・キリストの神の国運動が暴動へと展開すると、どうなるでしょうか。最高法院もキリストとその神の国運動も、ローマ軍に制圧されることになるでしょう。結局、共倒れです。こうした状況の中、ユダもまた、暴動になることを心配していたと考えられます。つまり最高法院は自治権という自分たちの既得権益を、ユダはキリストの神の国運動の存続という自分の夢を守ろうとしています。ここに、暴動だけは起こしたくないという両者の利害の一致があります。そこに取引が成立します。

では、暴動を避けるためにどうしたらよいのか。ユダに提供できることは、ふさわしいタイミングでイエス・キリストの所在を教え、逮捕させ、裁判を受けさせるということです。それによって最高法院は暴動を未然に回避し、キリストを裁判にかけることができ、民衆に対し権威を保つことができるというメリットがあります。他方、ユダにも暴動を避け、キリストの神の国運動を存続できるというメリットがあります。つまり、ユダが目論んだことは、キリストの居場所を教えるから、その引き換えに法廷で最高法院にキリストとその活動を黙認してもらうか、または公認してもらうということではなかったか、ということです。なぜならユダの理解では、他の弟子たちと同様に、キリストの教えと活動は既存の信仰の枠内に納まるように見えていたからです。ユダはキリストを逮捕するタイミングを教えるから、最高法院の法廷でキリストを無罪にせよと要求したのではないでしょうか。これが、ユダが最高法院に相談の核にあったことであると考えられます。

それに対して最高法院がどのような態度であったのかわかりません。はっきりしていることは、最高法院が、ユダの話を喜んで受け入れたこと、金を与える約束をしたことです。もちろん最高法院が「イエス・キリストを裁判で無罪にせよ」というユダの要求に関して、どのような返答をしたのか福音書には何も書いてありません。福音書は神の救いのご計画がキリストにおいて実現していくことを描くことに集中しているからです。そこで福音書の行間を読むと、このとき、最高法院はユダに言質を取られないように何も話さなかったのであり、ただ、ユダが「最高法院は法廷でキリストを無罪にする」と思い込むような何らかの仕草をしただけである、ということです。たとえば、軽く頷くとか唸るとかといったようなことです。ユダは、それを、自分が考える方向で取引が成立したと思い込んだのでしょう。それほどにユダは自分の計画に心奪われていた、ということです。

このようにしてユダは、イエス・キリストと神の国運動をユダヤ教の枠内の一派として承認してもらうことを目論んで取引したわけです。

ところでこうしたユダの考えは当時の情勢と最高法院の動向を知ることなしには出てきません。最高法院の事情をよく知る者で、しかもイエス・キリストと弟子たちに関係しているのは、アリマタヤのヨセフとニコデモです。ヨセフは最高法院の議員であり（ルカ二三・五〇―五一）、ニコデモはファリサイ派に属する律法学者でやはり最高法院の議員でした（ヨハネ三・一、一〇）。ユダは他の弟子たちと一緒に、これらの人と情報のやりとりをし、当時の情勢を把握し、彼なりの見通しを立て、策を練ったのかもしれません。

しかしここに、ユダの非現実な、独り善がりな態度があります。四つの福音書によれば、イエス・キリストご自身は「受難予告」によって幾度も告げていたように十字架の死と復活をめざしています。最高法院もローマ帝国もキリストの弟子たちも、そうしたキリストの主導権のもとで、キリスト殺害に向かって動かされています。このすべての動きの中でユダだけがキリストとその活動の存続を考え行動しているのです。つまり神がキリストの十字架の死における救いをこの世界に実現していく一連の流れの中で、ユダは浮き上がっているわけです。しかし神はそうしたユダの非現実的な考えさえも用いて、救いを貫徹するのです。つまりユダによる裏切り＝「キリストの引き渡し」という行為をとおしてです。実際、福音書において「裏切る」という言葉は、すべて「παραδίδωμι パラディドミー＝引き渡す」を訳したものなのです。

最後に、イスカリオテのユダとお金のことを検討してみます。それは、情報提供に対する対価であったというのが、マタイによる福音書の理解でした。しかしマルコによる福音書もルカによる福音書もそのようにいっていませんでした。ユダが情報提供の対価としてお金を要求したのではなく、最高法院の側がユダにお金を与える約束をしています。これは褒賞金というより、ユダに間違いなく約束を果たさせるための保証金です。もしかすると、ユダは、このとき、土地購入の資金を出させることさえ要求したのではないかと思われます。イエス・キリストと神の国運動が公認されれば、その活動拠点が必要になるからです。そしてユダは金を与えるという約束をキリスト無罪の約束のしるしと独り合点したのかもしれません。

こうして当局と話をつけてあったので、「最後の晩餐」がおこなわれた家を出ると、イスカリオテのユダはエルサレム神殿の神殿守衛長のところへ行くのです。つまり今が、決行のときであると知らせるためです。

第八章　いわゆる裏切り者の「接吻」

さてイエス・キリストと弟子たちは、過ぎ越しの食事の後、エルサレム市の城門を出てキドロンの谷を越え、東側のオリーブ山の麓にやって来ました。オリーブの木々が生い茂っているところです。

一九九〇年初夏、筆者が、ある牧師たちのグループ旅行で訪れたときも、その界隈は一抱え以上もある太さのオリーブの古木が群生していました。その中央付近にはイエス・キリストの祈りを記念したローマ・カトリック教会の「万国民の教会」があります。また少し北に行ったところに洞窟があります。ギリシア正教会はそれをキリストと弟子たちが祈りの場として利用した場所として記念し、洞窟の奥の少し広いスペースに礼拝所を設けています。

イエス・キリストの時代には、そこは神殿礼拝や市内住民のために、オリーブ・オイルを生産していたところでした。キリストと弟子たちは、巡礼祭で上京したときには、いつも祈りの場所として使っていたようです。そしてこのときも「いつもの場所」に来て祈りました。それが、いわゆるゲッセマネ（油しぼり）での祈りです。ルカによる福音書は次のように伝えています。

イエスがそこを出て、いつものようにオリーブ山に行かれると、弟子たちも従った。いつもの場所に来ると、イエスは弟子たちに、『誘惑に陥らないように祈りなさい』と言われた。そして自分は、石を投げて届くほどの所に離れ、ひざまずいてこう祈られた。『父よ、御心なら、この杯をわたしから取りのけてください。しかし、わたしの願いではなく、御心のままに行ってください。』

（ルカによる福音書二二章三九―四二節）

この祈りの中で、イエス・キリストは、特に「父よ、御心なら、この杯をわたしからとりのけてください」と祈りました。「杯」とは、神がその人に与えた現実のことを意味しました。そこには、幸いも災いも神からいただくものという見つめかたがあります。

人は、幸いは神からいただくが、災いは悪霊からの祟りや呪いである、というかもしれません。自分が受けるものが利益か不利益かによって、神々と悪霊に分類するのです。しかし、聖書は幸福も不幸も神から与えられたものと考えるのです（詩一六・五、ヨブ二・一〇）。

そこでここでの「杯」は特に、神の怒りを意味しています。旧約聖書にエレミヤという預言者が登場します。紀元前七世紀後半から六世紀前半にかけて、南ユダ王国で活動した人です。そこで次のようにいうのです。

それゆえ、イスラエルの神、主はわたしにこう言われる。『わたしの手から怒りの酒の杯を取り、わたしがあなたを遣わすすべての国々にそれを飲ませよ。』（エレミヤ書二五章一五節）

これは、紀元前六世紀、新バビロニア帝国の王ネブカドレツァル、もしくはネブカドネツァルが南ユダ王国とその関係諸国を滅ぼすことについて預言したものです。聖書でいう預言とは、単に未来を言い当てることではなく、神の言葉を預かり、それを語ることです。そこで、この「杯」は南ユダ王国の罪に対する神の怒りを表現するものです。

これを踏まえると、イエス・キリストの祈りは、ご自分が神の怒りを飲み干すことにならないようにしてくださいということを意味しています。つまり神の怒りの結果としての滅びを引き受け、十字架にかかることのないようにしてほしいと願っているのです。

ある人は、ここに死を恐れる「人間イエス」の姿がある、といいます。そしてイエス・キリストが本当の人間として苦しんだことに共感できると考えます。確かにそのように考えることもできるでしょう。しかしそうすると、キリストの人間としての恐れはわかりますが、これまでキリストが救いをもたらすために仕えてきた多くの人々のことをどう思っているのか、その点が宙に浮いてしまいます。

そこで改めてこの祈りを見てみますと、そこには、何よりも、神が怒って人間を滅ぼさないようにという願いがあると思います。つまり、イエス・キリストには「わたしが十字架にかかって死なねばならないほどに人間は罪深く、それに対するあなたの怒りは激しいのですか」という問いがあるのではないでしょうか。さらに、「これまでのわたしの働きでは不十分なのですか、人は救われないのですか」という問いがあるのではないでしょうか。だからこそ「この杯をわたしから取り除けてください」といって、ご自分の十字架による死以外の方法で、救いをもたらしてくださるよう願っているのです。

このようにイエス・キリストは、ただご自分の死を恐怖しているのではなく、人間の救いに最大の関心があるというべきでしょう。そのことは最後の祈りの言葉を読むとわかります。「わたしの願いではなく、御心のままに行ってください」とあります。神の救いがおこなわれることを願っているのです。つまり、「何人も滅びませんように、あなたがお求めになるように、裁きと滅びはこのわたしが引き受けますから」ということです。ここにおいてキリストは、罪を負う従順な「苦難の僕」（イザヤ五三）としてのご自分を明らかにしているのです。つまり、十字架刑による死を引き受ける、ということです。

この祈りが終わるやいなや、イスカリオテのユダは、松明を手にした神殿警備隊やローマ兵を率いて現れます。イエス・キリストとその弟子たちを逮捕しに来たのです。今や、主導権は、最高法院ではなく、ユダが握っています。そしてユダをとおして神が主導権を握っているのです。

ユダは、松明の明かりで、暗がりの中から浮かび上がるキリストの姿を見分けると、近寄って「接吻」をします。いわゆる「裏切り者の接吻」です。これは、キリストに対しては挨拶の接吻であり、師に対する敬愛を示したものです。しかし神殿警備隊に対しては合図の接吻です。この接吻を合図に、いわゆる逮捕劇になり小競りあいが起こります。そしてイエス・キリストは逮捕され、弟子たちは皆、キリストを見捨てて逃げてしまいます。

福音書はこのときの様子をさまざまに伝えています。くり返しになりますが、一つの事件の目撃証言は、目撃する人の立場によってさまざまになります。それと同じく、福音書もさまざまな証言をするのです。そのうちマタイによる福音書は、次のように伝えています。

イエスを裏切ろうとしていたユダは、「わたしが接吻するのが、その人だ。それを捕まえろ」と、前もって合図を決めていた。ユダはすぐイエスに近寄り、「先生、こんばんは」と言って接吻した。イエスは、「友よ、しようとしていることをするがよい」と言われた。すると人々は進み寄り、イエスに手をかけて捕らえた。

（マタイによる福音書二六章四八－五〇節）

すでにお話ししたように、時は夜で暗闇に包まれていました。ユダに率いられた神殿警備隊は、松明の明かりが揺れる中で、誰がイエス・キリストであるのか見分けることができません。他方、弟子たちはユダを知っていますが、どうして彼が神殿警備隊と一緒にやって来たのかわかりません。だからここに戸惑いと一瞬の沈黙があります。神殿警備隊などの逮捕しようとする者たちも弟子たちも動けず、その中をただユダだけがキリストに近づきます。したがってこの沈黙の中で、神は、何と、ユダにおいてキリストに近寄ってきたということです。それは、ユダを用いて最高法院への「引き渡し」を実行するためです。これは、もはや、人間には考えられない神の行動です。

それに対してイエス・キリストは、自分を裏切った者に対して「友よ」とよびかけています。ここにある種の偽善性を感じる人もあるかもしれません。

しかしここで大切なのは、イエス・キリストのユダに対する態度は少しも変わらなかったということです。確かにユダはキリストを裏切るのです。しかしキリストの方は友であることを止めない、という姿勢を貫いているのです。しかもここでも「しようとしていることをするがよい」と言っています。ユダの裏切りさえも、キリストの許可によって発動するのです。したがってユダの裏切りは、神のご意思と一致したキリストの大きな御心の中にあることであった、ということです。このため、後に、カール・バルト（一八八六－一九六八年）は、イスカリオテのユダの使徒としての任務が、この裏切りに、すなわち「キリストの引き渡し」にあるというわけです。

第九章　後悔するユダ

先にもふれたとおり、イエス・キリストが十字架刑に処せられることが決まったとき、ユダは後悔したと、マタイによる福音書は伝えています。

そのころ、イエスを裏切ったユダは、イエスに有罪の判決が下ったのを知って後悔し、銀貨三十枚を祭司長たちや長老たちに返そうとして、「わたしは罪のない人の血を売り渡し、罪を犯しました」と言った。しかし彼らは、「我々の知ったことではない。お前の問題だ」と言った。そこで、ユダは銀貨を神殿に投げ込んで立ち去り、首をつって死んだ。

（マタイによる福音書二七章三－五節）

実に悲劇的なことです。この記事から三つのことがわかります。

第一に、すでにお話ししたように、イスカリオテのユダはイエス・キリストが有罪判決を受け十字架刑に処せられることをまったく予想していなかった、ということです。彼が予想したことは何か。最低の場合と最高の場合を考えてみましょう。

すでにお話ししたように、ユダが後悔したのは、「イエスに有罪の判決が下ったのを知った」からでした。ですから「イエスは死刑に処せられない」とユダは思っていたわけです。たとえ最高法院による裁判を受け、万が一有罪判決が下されたとしても、総督ピラトのもとでの裁判において死刑だけは免れるはずだという目算があったと思われます。

当時、過越祭には、ローマ帝国が反ローマ運動をおこなった囚人を恩赦するという慣例がありました。すでにバラバ・イエスという者が暴動を起こし殺人を犯したため、逮捕され囚人となっていました。他方、イエス・キリストは殺人や暴動と縁のない方です。つまり、殺人者と愛の人です。ですからバラバがいる以上、万一キリストに対して反ローマ運動の首謀者として死刑判決が出たとしても、恩赦を受け無罪になるはずだと、ユダが思っても不思議ではありません。つまりユダは、「キリストはピラトのもとで死刑になることはないのだから、これは考えなくてもいい。問題は最高法院の裁判であるが、最低でも死刑にならないはずだ。なぜなら、わたしが彼らに居場所を教えて逮捕させ暴動を回避させてやったからだ」と考えたということです。

ともかく「裏切り者ユダ」はイエス・キリストの死を望んでおらず、まったく逆に、生存し続けることを望んでいたのです。ここにユダのわかりにくさがあります。

次に最高の場合を考えてみましょう。ユダの思惑どおりに事が運ぶ場合です。それは、逮捕されたイエス・キリストは最高法院で裁判にかけられますが、その法廷で、キリストとその活動が公式に認められる、ということです。つまりキリストが救い主であることをユダヤ最高法院が公式に認める、ということです。

さらにイエス・キリストを危機的な状況に追い込めば、ユダが意図していたような意味で神の子としての力を発揮し、最高法院やローマ帝国を超えた権力をもつにいたるという期待もありました。

このような期待は、実は、ユダばかりでなく他の弟子たちも共有していたものです。たとえば、イエス・キリストの最古参の弟子ゼベダイの子ヤコブとヨハネは次のように言うのです。

二人は言った。「栄光をお受けになるとき、わたしどもの一人をあなたの右に、もう一人を左に座らせてください。」
（マルコによる福音書一〇章三七節）

これはイエス・キリストがエルサレムに行く直前におこなった「受難予告」の後に出てくる言葉です。弟子たちは、キリストがエルサレムに行くとは、明らかに政治的なメシアとしてであるというイメージを抱いていたのです。つまり、王になるということです。キリストの弟子団の基本的な気分として政治的なメシア待望があった、ということです。ユダもこうした気分があるわけです。以上のようにユダの思惑は、こうした最低と最高の間にあるのでしょう。

ところでイエス・キリストとその弟子団の活動が公式に認められると、活動の拠点が必要になります。要するに、自分たちの会堂が必要になる、ということです。

自分たちの会堂をもつことについては、たとえば、エルサレム市内には「解放された奴隷の会堂」があったとあり（使徒六・九）、ある程度認められていたと考えられます。

また福音書を読むと、キリストはしばしばガリラヤ湖の浜辺や野原などで説教しています。

映画のワン・シーンにもなりそうな美しい情景です。が、これはそうした牧歌的な風景ではありません。むしろ既存の会堂ではファリサイ派の人々との対立のために活動しにくくなったという厳しい状況があったことを示すものです。さらに、キリストはファリサイ派が罪人として断罪した多くの人々に神のご支配を語ろうとしたことを示すものです。そこでユダが、最高法院に公認されたあかつきには、自分たちの会堂を持ちたいと願い、そのための資金を求めたと考えることができるわけです。ユダにまつわる「土地購入」の伝承は、おそらく、このあたりから出てきたのではないでしょうか。

しかし事態はユダの思惑を超えて展開していきました。イエス・キリストは、ユダが期待したようなことは何一つおこなわず、沈黙を守り、鞭打たれ、着物を剥ぎ取られ裸で十字架刑に処せられ、ゴルゴタの丘で恥辱にまみれ刑死されます。キリストは、そのように沈黙して全身全霊で罪を引き受ける働きをしているのです。人は、重い荷物を担ぐのに、おしゃべりをしません。力を込めるために黙ります。それと同じように、キリストは罪を担い、神の裁きを引き受けるという究極の力業に集中するため黙っておられるのです。その意味でキリストの沈黙は、実は、猛烈に活動していることの「しるし」です。

話をまとめます。ユダの目論見は、イエス・キリストとその神の国運動を、ユダヤ教内部の一派として存続させることにあったと思われます。そのために最高法院と取引し、土地購入などを画策したと考えられます。

しかしイエス・キリストのご意思は、そのようなものではありません。**「人の子は枕するところもない」**というのが基本姿勢です（マタイ八・二〇、ルカ九・五八）。いわゆる既存の宗教団体の一つとして存続することは考えていないのです。キリストはこの世界を過ぎ越す方なのです。かつて出エジプトに際して、神は子羊の血が塗ってあるイスラエルの民の家を過ぎ越して救い、エジプト人を裁きましたが、それと同じようにキリストはこの世界を過ぎ越し、風のように吹き抜けていく方です。ご自分の死において、罪と死を裁き、すべての人を過ぎ越して救う方なのです。そのようにして今や、イエス・キリストによって神に向かって開かれた世界を歩む新しい神の民が生み出されていくのです。この民は、かつてイスラエルの民が約束の地をめざして旅をしたように、神の国の実現のとき、すなわち救いの完成のときをめざして歩んでいく群れであり、キリストの民なのです。

そしてキリストの民である教会の制度や組織は宗教団体として地上に存続することを目的と

したものではなく、ひたすらにこのキリストを証言することを目的に整えられたものなので す。したがってまた、教会の制度や組織は、キリスト証言を規準に、絶えず刷新されるべきも のということができます。

さて、ではユダの何が問題であったのか。それは、そうしたイエス・キリストの大きな救い のお働きを小さいものにしようとした、ということです。いわば天から地に垂直に下る神の 救いを、ユダヤ教内部の一宗派の存続という水平の話に置き換えてしまった、ということで す。つまり人間に操作可能な、歴史内部の小さな救いにしてしまったのです。「天上で燃え盛 る火を暖炉の火にしてしまった」(K・バルト)のです。そのためユダ自身が一連の出来事の主 導権を握り、プロデューサーになろうとしました。こうしたことが悪魔的なのです。たとえキ リストが最高法院の裁判において無罪になることが予想されるとはいえ、またキリストご自身 が「受難予告」によって度々、死を予告しているとはいえ、それをよいことに、自分の夢のた めにキリストを当局に引き渡すことは、邪悪な仕業にほかなりません。キリストを物象化して いるのです。それはキリストの上に立ち、この方を操り、地上天国を実現しようとすることで す。そして地上天国が、独裁や強制収容所や大量殺戮を生み出すことは、幼児虐待から今日の

「ＩＳ」にいたるまで大小の悲劇が教えているとおりです。

ところでわたしたちが注目したことは、こうした邪悪さはユダの善意から出ていたということです。ユダもまた他の弟子たちと同様、善意に満ち、キリストに従っていました。しかし、そうした人間の善意においてこそ悪魔が働くのです。

その代表的な例がイエス・キリストの一番弟子ペトロです。キリストが、これから自分が最高法院に引き渡されて、苦しみを受けた後、殺され、三日目に復活することを予告したとき、ペトロはそんなことになってはならないと言ってキリストを諫めています。


するとペトロはイエスをわきにお連れして、いさめ始めた。「主よ、とんでもないことです。そんなことがあってはなりません。」

（マタイによる福音書一六章二二節）


ペトロはイエス・キリストが復活するということを、世の終わりの復活のときに復活することと解し、いわば棚上げにしました。その上で「キリストはあろうことか、自ら最高法院に殺されようとしている」と理解したのです。つまり、自殺行為に思えたということです。だから、「そんなことはあってはならない」と言っているのです。こうした気持ちはよくわかることでしょう。しかしそれは、ペトロがキリストを自分のもとに留めておきたいということであって、キリストの考えを大事にしているわけではないのです。だからイエス・キリストは「サタン、引き下がれ」と叱りつけています（マタイ一六・二三）。最大限の叱責です。ペトロの善意に潜むキリストの独占と私物化を、キリストは悪魔とよんでいるのです。父なる神のご意思と一致した十字架の死による救いを阻止しようとし、またそうすることでペトロがキリストの上に、神の上に立とうとするからです。ただしペトロの場合は一時的な激情です。

しかし、イスカリオテのユダの場合は、いわば確信犯的です。何よりも彼はキリストの愛に失望しています。しかもその上で、キリストと神の国運動が当時の社会においてどの宗派にも属せない大衆を糾合するため有益と判断し、ユダヤ教内部の一派として存続させようとしたのです。そのため自分で計画を立て、それを実施しました。すなわち、ユダはこの世における政治的な有用性のために、いわば十字架と復活抜きの宗教団体の創設を目論んだということです。

そしてこうしたことは、現代の教会も関係ないとは言えないでしょう。地上の教会も一つの宗教団体として存在しはじめると、その団体の存続を願うあまり、イエス・キリストの十字架の死と復活に示された神の裁きと救いを祭り上げて忘れたり、わかりきったこととして後回しにしたりすることが出てくるからです。

たとえば、第一次世界大戦後のドイツを中心に弁証法神学者とよばれる者たちが現れました。当時のキリスト教が聖書の使信から離れ、近代西洋文化を担う宗教に成り果てたことを批判したのです。カール・バルトがその典型です。この人は、当時のキリスト教について次のように述懐しています。

神について語るということは、さらに声高に、もう一度まさしくこの人間についてこそ語ることであった。（寺園喜基訳「神の人間性」『カール・バルト著作集3』所収、一九九七年、三五一頁）

「この人間」とは、「神とは、結局、宗教的な人間とその文化的営為のことであるとか、さらに人間に内在する宗教感情であるとか、あるいは『宗教的ア・プリオリ』（経験に先立って人間に内在すると考えられる宗教性）のことである」と考える者たちのことです。要するに、十字架を忘れた文化的キリスト教です。そして、そのようなキリスト教の存続を願って活動しているうちに、ナチズムという全体主義に呑み込まれ、さらにその代弁者としての働きをしてしまったわけです。だからこそバルトたち弁証法神学者たちは、真っ先にキリスト告白をし、その告白を中心にした告白教会運動によって、実に、ラディカルな反ナチス教会闘争を展開したのです。そしてその中心は教会の説教の回復運動なのです。というのは、当時、教会の説教よりも、ナチズムのメディア戦略のもとヒトラーの演説に多くの人が動かされてしまったからです。

また、かつて大日本帝国は、国家神道支配下において、産業報国会や文学報国会だけでなく、宗教報国会を組織しました。いわば「神々の総動員」をおこない、戦勝祈願を強要した際、日本のプロテスタント教会も自らの存続を願って、一九四一年日本基督教団を組織しました。そして宗教報国会の一翼として礼拝のたびに宮中遥拝・戦勝祈願をしたわけです。そうした過酷な状況の中で、ドイツ告白教会のような運動を惹き起こすことはできなかったかにせよ、面従腹背《めんじゅうふくはい》の生活を強いられた無名のキリスト者たちの祈りがあることを忘れてはならないでしょう。

ともかく、このように宗教団体は、自分たちの存続を求めて活動するとき、思いの外、ユダの姿と似てくるのです。「**自分の命を救おうと思う者はそれを失うが、わたしのため、また福音のために命を失う者は、それを救うのである**」（マルコ八・三五）というみ言葉は、個人のありかただけでなく、教会の存続についても該当します。そしてイスカリオテのユダとは、政治的メシア待望といい、イエス・キリストの生存を願うことといい、弟子団の空気を共有し、それを体現している者であって、その空気を自らの知恵で実現しようとした者、ということができます。いわばユダは使徒集団のマイナスの可能性なのです。つまり他の使徒たちもおこなったかもしれないことを実際にやってみせた者なのです。ここに、イエス・キリストの復活の後に使徒たちが、ユダについて「わたしたちの仲間の一人であった」と冷静に認める理由があるのです。

第二に「ユダのおかげで、イエスは贖罪の業ができた。ユダはイエスのみ業を誰よりも知っていたから、裏切りという行為をおこなった英雄である」という考えかたがあります。こうした考えかたは古くからありました。エイレナイオスという人がいます。弁証家といって紀元二世紀にキリスト教内部の異端に対して福音信仰を弁証した人です。その人の書いた『異端駁論』にはカイン派とよばれるキリスト教一派がいて、こんなことを主張していたというのです。

彼らによれば、裏切り者ユダはこれらのことをよく知っており、彼のみが真理を知っていたので、裏切りという秘密の業をなしとげたのである。

もしこのような考えかたが真実であるならば、ユダは後悔する必要はないわけです。計画どおりの展開だからです。ユダが後悔したということは、なるほど会計という立場上、他の弟子たちよりも、イエス・キリストを理解していたのかもしれませんが、それでもなおキリスト自身の考えと程遠いところにあったといわねばなりません。

第三に、後悔はユダに救いをもたらさなかった、ということです。ユダは確かに自分のしでかした重大な間違いを真面目に後悔し悲しみました。しかし何を後悔しているかというと、自分の夢が実現しなかったことに対してなのです。つまり自分の思惑が外れたためにイエス・キリストが刑死することになったといって後悔しているのであり、常に、自分の考えを見つめているのです。

しかし悔い改めは、自分の考えが破綻し取り返しのつかないことをしてしまったことを悔いるということではありません。罪悪感に苛まれつつ、自罰と他罰をくり返す自意識の世界を堂々めぐりすることではありません。人間の思いを超えたイエス・キリストの大きな救いに向かう、ということなのです。新約聖書ギリシア語で確かめてみると、「μετάνοια＝メタノイア」とあります。「μετα＝メタ」は「後に」という意味、「νοια＝ノイア」は「νους＝ヌース＝心・理性」から出た「νοεω＝ノエオー＝考える」の名詞形で、「考え、思い」という意味です。つまり自分のそれまでの考えや思いを後にして、イエス・キリストの方向へと向かうことです。まさにキリストの方向への転換なのです。そしてそのことは、キリストが近づいてくださったから起こることなのです。あなたの所にも、「**時は満ち、神の国は近づいた**」。だから「**悔い改めて福音を信ぜよ**」ということなのです（マルコによる福音書一章一四節）。

第十章　ユダの死と彼の救いについて

最後にユダの死について考えてみましょう。四つの福音書はどう語っているのでしょうか。マルコ福音書は、ユダが神殿警備隊を手引きしイエス・キリストに挨拶の接吻をした記事の後、ユダについては語っていません。この福音書は、**「この人は神の子であった」**（マルコ一五・三九）ということをテーマにしています。そのためユダがキリストを引き渡すことで、神のご計画の中でのユダの役目は終わったため、もはや、ユダについて語るべきことがないということでしょう。いわば「お役御免」になったということです。

次にヨハネによる福音書の場合、イエス・キリストがゲッセマネの園で逮捕されるとき、**「わたしである」**と言って自己紹介したとき、ユダとその他の者たちは地に倒れたと語っています。そしてその後、ユダについては語られません。それだけにこの記事を注意深くみる必要があります。

そこで気づかされることとは、イエス・キリストが言った「**わたしである**」とは、出エジプト記三章一四節に出てくる神の自己啓示の言葉と同じであることです。その箇所は、モーセが神に対して、イスラエルの民にあなたをどのように紹介したらよいのかという問いに答えて、神が言ったものです。この神の自己紹介を直訳的に言えば、「**わたしは在るであろう者として、まさにわたしは在るであろう**」です。ご覧のように、同語反覆にみえます。しかしこれは「AはAである」という同一律をいっているのではありません。神は、人間のなす神の定義から繰り返し自由にご自分を示すのです。それによって何者も侵すことのできない神の自由と主権を明示しています。したがって神は、キリストの十字架の死というありかたをとるほどに自由であり、主権に満ちているということです。そのような神が臨在したとき、ユダは地に倒れた、つまり完全に敗北したと告げているわけです。

それに比べると、マタイ福音書とルカ-使徒言行録の報告は、ユダの死を、いわば映像化して語っており、独特の臨場感があります。この二つの記事を検討してみましょう。

㈠ユダの死について

そこで、ユダは銀貨を神殿に投げ込んで立ち去り、首をつって死んだ。

（マタイによる福音書二七章五節）

ところで、このユダは不正を働いて得た報酬で土地を買ったのですが、その地面にまっさかさまに落ちて、体が真ん中から裂け、はらわたがみな出てしまいました。（使徒言行録一章一八節）

マタイ福音書はユダが縊死したといい、使徒言行録は転落死したといっています。いずれにせよ、実に惨たらしい死に様です。しかしこれらは、「裏切り者の末路は、こういう恐ろしいものだ」といって、脅すために告げているのではありません。使徒ユダの死という一つの事実を、それぞれの立場から解釈し、大切なことを伝えているのです。

(a) マタイによる福音書の場合

まずマタイによる福音書です。ユダが首を吊って死んだとあります。しかしその場所がどこか、また首を吊るといっても、家屋の梁を使ったのか木の枝を使ったのか、また皮紐を使ったのか縄を使ったのか、そういうことは一切書いていません。

ということは、マタイによる福音書は、ただ縊死のイメージを浮かび上がらせているだけである、ということです。ところで旧約聖書には「**木に吊るされた者は呪われる**」とあります（申命二一・二三）。聖書のいう「呪い」とは、元々神に献げたものが受け入れられない、ということを意味しました。ですから「木に吊るされて死ぬ者」は、神の祝福を受けていないということです。それを表現しているのが、縊死のイメージです。ですからユダの縊死は神の祝福が受けられないままで死んだ、といっています。

ところでここにもう一人、「木に吊るされた者」がいます。イエス・キリストです。こちらは、すべての人に対する呪いを引き受けて死んだのです。したがってマタイによる福音書が告げているのは、まさしくユダにみられるような呪われた者の運命さえもキリストは引き受けておられるといっているのです。そしてそれを受け入れない場合、ユダのように呪いがそのまま残されたままである、ということです。こうしてユダの死はキリストの十字架の救いをバックライトのように照らしているのです。その意味で、ユダは裏切りによって使徒の務めを果たしているのです。

(b)使徒言行録の場合

次に使徒言行録です。ユダの転落死を伝えています。そこでは体が二つに裂けたといわれていました。しかし転落したからといって、体が真っ二つに裂けてしまうのは、ありえないことです。ここで、おそらく地面に何かとがった岩でもあったのだろうとか、当時の車に引かれたのだろうなどと考え辻褄を合わせようとするのはあまり意味のないことです。またオカルト映画のように、ユダの体が何か恐ろしい力によって引き裂かれたというのでもないのです。まして や、二つに裂けた腹から悪魔が哄笑しながら逃げ去っていったというようなお話でもないのです。

しかし西洋キリスト教は、ユダの死をまさにそのように殊更に恐ろしいもの、不吉なものとして思い描いてきました。たとえば、新約学者W・バークレーによれば、すでに初期の教会においてユダの死について恐ろしい伝承が流布していたといわれます。

ユダがある病を得て、それによって彼は炎症をおこしてふくれあがり、車が通れるようなところでも通れなくなってしまった。顔もはれあがり医者は彼の目を見出せなかった。蛆虫や腐敗が彼の体から出はじめた、そして死ぬまで堪えがたい苦しみに悩んだ。彼が死んだ場所は忌み嫌われた、そこから堪えがたい悪臭が発ったからである。エクメニウスによって与えられたもう一つの記録は、ユダは車で殺されたのだと言っている。衝突して死んだので、彼の体が裂けた。初期の時代の人々は、最高の裏切り者とみなした男の死に対して、恐怖の上にも恐怖を積み重ねた。ダンテは後にその男を九層の地獄の最下層においた。

（大島良雄訳『イエスの弟子たち』新教出版社、一九六七年、一〇八－一〇九頁）

実際、西洋の絵画や文学にはユダの陰惨な姿や恐ろしい姿が描かれたものがいくつもあります。西洋の絵画については利倉隆著『ユダ、イエスを裏切った男』（平凡社新書、二〇〇六年）をご覧ください。ここでは、W・バークレーがふれたダンテの『神曲』を取り上げてみます。ダンテ・アリギエーリ（一二六五年、フィレンツェ生－一三二一年没）は、『神曲』を、地獄編・煉獄編・天国編の三部構成の聖なる喜劇としました。主人公が詩聖ヴェルギリウスを導き手に、地獄、煉獄をめぐり、ついにベアトリーチェに導かれて天国へ旅する壮大な叙事詩です。

それによって西洋中世キリスト教の世界観を表現していることで知られています。その中でイスカリオテのユダは、地獄の一番の底の第九獄に堕ちた者として描かれています。何と、ユダは魔王ルチフェルに生きながら喰われているのです。

「あの天辺で最もひどい罰を受けているのは、」と師は言う
ジュダ・スカリオット、その頭は口内にあり、脚はまだ外にうごめく
（寿岳文章訳『神曲Ⅰ　地獄篇』集英社文庫、二〇〇三年、四〇七頁）

未来永劫、生きながら悪魔に喰われるユダという映像は、ダンテが地獄の世界をも含めて、全体として「神曲＝聖なる喜劇」と銘打ったにせよ、当時のキリスト教世界に生きる人々の心の風景を表現し、そのことによって地獄を再認識させたことになるでしょう。つまりユダに対する底知れぬ恐怖を客体化し、人々に自覚化させたということです。ところで作品として客体化し物象化したなら、その後には、それに対処する主体が立ち上がります。この主体は二つの方向を歩むことになります。一つは救いを求めるという方向であり、もう一つはユダを裁く神の側に立ち裁く側に回る方向です。

前者の方向は、十六世紀の宗教改革者マルティン・ルターにみられます。徳善義和の『マルティン・ルター』（岩波新書）によれば、ルターは、その若き日にシュトッテンハイムという所で、落雷に遭い、死の恐怖から修道院に入ったといわれます。当時、落雷は、邪悪な者に対する神の怒りであると信じられていたからです。こうして、ルターはそれまで父ハンスの意向を受けて法律の学びをしていましたが、神学の学びへと転向したわけです。その転換点となった死の恐怖とは、現代のわたしたちと違って、まさしくダンテが描いたような意味で地獄に堕ちることとして受け止められたと思っても差し支えないでしょう。ルターも中世的世界観を共有していたわけです。それゆえにこそ、「私はいかにして救われるのか」がルターの真剣な主題となったのです。そしてルターは聖書から「キリストの恵みのみ」による救いを聞き取り、中世的世界観から解放されていったわけです。すなわち「恩寵は自然を破壊せずそれを完成する」（トマス・アクィナス）といわれるような自然から超自然へと成義するという道に対して、イエス・キリストがすべての人間のために低きにくだり、すべての人間を義とし高く引き挙げたという恩寵の道を発見したのです。

後者の方向は、ユダを裁く側に回るということでした。十七世紀以降、近代自然科学の発達と産業革命により、ダンテが描いた中世的世界観は自然科学的世界観にとって代わられ世俗化するとともに、ユダは明確な姿を失います。たとえば、先のダンテとの繋がりでいえばT・S・エリオット（一八八八―一九六五年）という人がいます。アメリカ生まれのイギリス人の詩人で、処女詩集『アルフレッド・プルーフロックその他の観察』からダンテを意識しました。それはこの詩集のエピグラフが、『神曲』の煉獄編からの引用句であることからもわかります。そして一九二二年『荒地』という詩を発表しました。それは興味深いことに、カール・バルトが『ロマ書　第二版』を出版した年でもあります。『荒地』は、『神曲』の地獄編のイメージを借り、第一次世界大戦後のヨーロッパの精神の荒廃状況を「定義」し、「批評」したものです。エリオットは詩の機能を批評にあると考えたわけです。文化史的にいえば、神学者が神の神性を語ったとき、詩人は神に裁かれた人間の世界をうたったということもできるでしょう。

ともかく、現行の『荒地』は全体が五部からなっています。その最後の第五部「雷鳴が言ったこと」の冒頭の連は、エリオットの自註にあるように、ゲッセマネの園でイエス・キリストが逮捕された場面がうたわれます。読者がユダの姿を思い起こせるようになっているわけです。

After the torchlight red on sweaty faces
After the frosty silence in the gardens
After the agony in stony places
The shouting and crying
Prison and palace and reverberation
Of thunder spring over distant mountains
He who was living is now dead
We who were living are now dying
With a little patience

松明の光が汗まみれの顔々を赤く照らした後
凍りついた沈黙が庭におりた後
苦悶が石だらけの場所にあった後
絶叫と泣き声
牢獄と王宮と残響
遠くの山々を越えて響き渡る春雷の
生きていた彼は今や死に
生きていた我々は今や死につつある
僅かな忍耐をもって

（T. S. Eliot, *The Waste*, Land Faber and Fabre, 1971）

以上は稚拙な私訳にすぎませんが、ご覧のように、この詩句の最初の三行はユダが松明を手に神殿警備隊を従えてゲツセマネの園にやって来た場面が歌われています。しかし、中心テーマは最後の三行にあるように、「彼」、すなわちキリストが今や死んだことです。深瀬基寛訳も岩崎宗治訳も、なぜか「彼」を省略しています。しかしここは「彼」、すなわちイエス・キリストの死を歌っています。だからこそまた「生きていた我々は今や死につつある」と歌われるのです。自然科学的世界像を打ち立て神の死を宣告したヨーロッパの近代世界が今や「荒地」なり「非実在の都市（Unreal City）」になったといわれているのです。だからこの詩には、もはや、ダンテが歌ったような地獄で処罰されるユダというイメージはありません。

しかしユダは消失したのではありません。ユダは、その「非実在の都市」を彷徨する亡霊のような「大衆」の中に拡散し残り続けているのではないでしょうか。この「大衆」は、近代的な工業化・都市化に伴って生まれた「故郷喪失者」たちであって、『荒地』の最初から登場しています。第一部の「死者の埋葬」では次のように歌われています。

Unreal City　　非実在の都市、
Under the brown fog of winter dawn,　　冬の夕暮れの茶色い霧の下、
A crowd flowed over Londn Bridge, so many　　群衆がロンドン・ブリッジに溢れ流れた、とても多く

ロンドン・ブリッジの方へ大勢の群衆が流れているというのです。こうした彷徨する「大衆」は、間もなく民族主義に故郷を見出し、そこから人種的反ユダヤ主義を生み出していきます。このとき、「ユダ」は、一方では、「キリストを裏切った」ので「キリスト殺しのユダヤ人」の中に紛れ込み、反ユダヤ主義の憎悪の対象として現れます。それはナチスによる「ホロコースト」、すなわちユダヤ人大量虐殺で極限に達します。ここに神の側に回って裁くという方向の頂点があります。また他方では「ユダ」は、サブ・カルチャーの世界の中で裏切り者の「悪役キャラ」の一つとして生き残って今日に到るわけです。「裏切り者の接吻」とか「悪魔の接吻」「死の接吻」といったようなことです。そして「ユダという影」は、今も一般大衆の中に生き続けているわけです。

このように瞥見しても特徴的なことは、西洋キリスト教にはユダについて聖書が言っていること以上に邪悪なものと言い募る過剰さがある、ということです。この過剰さは、地獄に堕ちたユダとその運命を自分たちに関係のないこととして忌避する程度の強さにあって、神に滅ぼされることに対する底無しの恐怖に反比例していると思われます。それは、精神分析的に言えば、魔王に喰われるユダというイメージからすると、「父なるもの」に殺される子の恐怖ということができるかもしれません。あるいは、旧約聖書が禁止している異教の祭儀における人身供儀の古い記憶があるのかもしれません。そこでは子どもたちが豊穣の神々に犠牲として火に焼かれたのです（エレミヤ書一九・五）。

ところで「自分たちはユダと関係がない」といくら言い募ってみたところで、「ユダという影」から逃れることができるわけではありません。「ユダのようになるべきではない」と言えばそのとおりになり、「ユダという影」から逃れられるというのは、呪術的な発想か、あるいは専制君主の発想でしょう。「～であるべきだ」という当為と「～である」という現実存在は同じではないからです。もちろん師弟関係の領域では、そのようなことが該当する場合もあるでしょうが、それでも当為と現実存在は同じではありません。しかし人は、しばしば「～であるべきだ」と語って現実世界が変化したように思います。けれども変化するのは語り手の心持ちであって、外界の現実は変わることはありません。これは、教会の説教の領域では「律法をいかに語るか」という課題に連動しますが、それは別の機会に考えてみたいと思います。

大事なことは、「ユダのようなことは、あってはならない」と語ることではなく、その前に

「ユダという影」とちゃんと向き合うということです。「自分たちは関係ない」というだけでは、知らず知らずの内に「投影」の機制に突き動かされるからです。自分に敵対する者に対して「ユダという影」を投影し続け、恐れを惹き起こし、自衛本能を目覚めさせ、さらに「敵」の抹殺を際限なく生み出していくのです。実際、心理分析家でユング心理学の紹介者である河合隼雄は『影の現象学』の中で、「影」を、意識が拒否している無意識全体をさすといった上で、次のように言っています。

> つまり、われわれは自分の影の問題を拒否するときに、それを普遍的な影に付け加え、絶対的な悪という形にして合法的に拒否しようとするのである。
> （『影の現象学』講談社学術文庫、一九八七年、四九－五〇頁）

河合隼雄氏は心理学の立場から、この世界において、身近な「いじめ」からユダヤ人迫害に到るまでマイノリティーに対する迫害が、なぜ、後を絶たないのか、その理由を上手く説明しているわけです。

では、聖書はどのように告げているのか。福音書によれば、使徒たちは「ユダ」を自分たちに関係ないといって忌避しませんでした。すでに指摘したように、「ユダはわたしたちの仲間の一人であり、同じ任務を割り当てられていました」というのです（使徒一・一七）。ユダとその死を自分たちの問題として引き受ける姿勢がそこにあります。ユダは自分たち自身のマイナスの可能性だったからです。つまり自分たちもそうであったかもしれないという運命を明示しているのです。そして、自分の問題として引き受けるとは、何もその問題を自分たちで抱え込んで解決しようとすることではありません。ペトロをはじめとする弟子たちがそうであったように、イエス・キリストに担っていただくことを認める、ということにほかなりません。ここに聖書に即して、ユダの死を見つめる必要があるのです。

さて聖書はユダの死を告げています。それはただの人間の死ではありませんでした。ルカによる福音書の理解では、特に悪魔と一体化した者の死なのです。この福音書は、ユダが裏切りの行為に走る直前、次のように告げていました。

しかし、十二人の中の一人で、イスカリオテと呼ばれるユダの中に、サタンが入った。

（ルカによる福音書二二章三節）

だから第一に、聖書はユダの体が二つに裂けたということで、悪魔の完全な滅びを告げています。

第二に、旧約聖書にはイスラエルの民の父祖アブラハムが神と契約を結ぶとき、神もアブラハムも二つに引き裂いた犠牲の動物の間を通った、という記事があります。創世記一五章一七節の記事です。これは、もし契約を破ったなら、その者は引き裂かれてもよい、ということを示します。

このような「契約」「神」「引き裂かれる犠牲の動物」といったことは、わたしたちには何とも残酷で大袈裟に感じられ、違和感のあることでしょう。契約といえば、わたしたちの日常では銀行、保険などの金融機関を連想するかもしれません。しかし聖書でいう契約とは、そういうものではなく、もっと血の通ったものなのです。契約とは、人格的な関係や相互の交わりをさすものであって、命をかけるに値するものです。したがってまた、契約を破ることは命をもって償うべきこととされました。

他方、罪は水に流して忘れるというのが日本人のメンタリティーでしょう。いわゆる禊《みそぎ》です。しかし人は罪を忘れても、神は永遠ですから、忘れることはありません。したがって神の許に人間の罪は永遠に残ってしまいます。そこに、契約を破り、罪を犯したなら、何としても解決しなければならないという真剣な考えが出てくるのです。だからこそ、命をもって償うために犠牲を捧げるのです。しかもここで注目すべきは、神ご自身も、身を低くして人間と同じ立場になられ、契約の当事者になり、それを守る責任を負っていることです。

こうした旧約聖書に見られる神と人間の契約関係という考えかたはイエス・キリストの時代にも及んでいます。そのことを踏まえると、ユダの悲惨な死は、キリストの十字架の死の、いわば追加説明の役目をしている、ということができます。神は自ら、人間のなした契約違反の責任を果たすため、キリストにおいて身を低くして人間となり、十字架の死において、すべての人間に代わって引き裂かされて死んでくださいました。つまり神ご自身が、キリストにおいて、人間の罪を償ったということです。そのすべての人間は、本来引き裂かれるべき存在であったということを追加説明的に示すのがユダの死なのです。ここでもユダは、キリストをさし示すという使徒の働きをしています。神の救いがキリストの十字架の惨めさにおいて貫徹されることは、悪魔の誘惑によっても阻止されることはなかったのであり、逆に悪魔の完全な滅びになった、そのように使徒言行録は告げています。

以上のようにマタイと使徒言行録もユダの死を語ることで、イエス・キリストの救いの大切さを浮き彫りにしているのです。

(二) ユダの救いについて

ところでユダの惨めな死を思うとき、わたしたちはユダの救いを考えずにはいられません。ユダは救われなかったのだろうか、ということです。そしてユダの救いを考えることで、他者の救いについても、自分自身の救いについても、考え込むことがあります。

そこで第一に確かめたいことは、救いとは徹頭徹尾神のお働きに属していることである、ということです。イエス・キリストにおいて神が救いをもたらすのです。ですからわたしたち人間が、あの人は救われたのかどうかと考えたり、自分は救われないのだろうか、と考えたりすることはできないのです。わたしたちは、救いの神ではないからです。

第二に、わたしたちが言えることは、これまで見てきたように六つのことです。

一、イエス・キリストは、ユダのためにも徹夜で祈った。
二、イエス・キリストは、ユダの足をも洗っている。
三、イエス・キリストは、いわゆる最後の晩餐の席で、ユダと同じ鉢に手を入れて食事をすることで、連帯責任的なかかわりをもっている。
四、イエス・キリストは、「しようとしていることをしなさい」といって、ユダの裏切りすらも御心の中にあることを示している。
五、イエス・キリストは、ゲツセマネの祈りにおいて、父なる神のご意思に従って、神の怒りをすべて引き受ける決断をしている。
六、イエス・キリストは、裏切り者の接吻を受けたとき、ユダに対する友人としての関係を貫いている。

こうした点を超えて、人間であるわたしたちがユダの救いをうんぬんすることには意味がありません。むしろイエス・キリストがユダのためにも十字架にかかっているということに心を留めるべきでしょう。

確かにヨハネによる福音書は「**滅びの子のほか誰も滅びませんでした**」と告げています（ヨハネ一七・一二）。もし「滅びの子」がユダをさすとすれば、イエス・キリストは、十字架の死においてまさに「滅び」にまで下られたのではないでしょうか。そして「滅び」にまで下られたとは、キリストが「滅び」を引き受けてしまわれ、もはや「救い」しか残っていないということです。ということは、使徒ユダは確かに滅びたのですが、キリストの記憶の中に存在している、ということです。つまり神に覚えられているのです。なぜならば、神はキリストにおいてすべてのことを知っている全知全能の方だからにほかなりません。

カール・バルトは、キリスト教神学の歴史では二十世紀最大の神学者であるとともに、五世紀のアウグスティヌス、十三世紀のトマス・アクィナス、十六世紀のルターやカルヴァンと並ぶエポックメイキングな神学者と評価されますが、ユーモアをとても大事にした人です。宮田光雄氏が『キリスト教と笑い』の中でヨハネス・ハイダーという教会史家が神学者たちのユーモア集を編纂した本を紹介しています。孫引きですが、次のようにあります。

こちこちの正統主義を奉ずるオランダ改革派との論争で、バルトは、彼の講演の中で地獄を完全に無視している、とみんなから批判された。地獄［の存在］も原則的に救いの使信に入っているではないか、と。私の耳には、バルトの与えた短い回答が、なお聞こえてくる。「皆さんは、いずれいつかびっくり仰天なさるでしょう。地獄の中が信じられないくらい空ッポであることに」。
（『キリスト教と笑い』岩波新書、一九九二年、一七七頁）

確かに人は地獄に行くことがあるかもしれないが、そこもイエス・キリストのご支配の領域になっていて、もはや誰も裁かれない、といっているのです。これは万人救済説につながる楽観ではありません。キリストにおける神の恵みの働きを見つめた結果なのです。神は、事実、キリストの十字架の死において、この世界全体に対する裁きと救いをおこなってしまわれたのです。キリストの死において、神は罪も死も悪魔も滅びも呪いも廃棄し、ご自分の豊かな祝福をわたしたち人間に向かって差し出しているからなのです。言い換えれば、終末における神の世界審判は、実に、キリストの十字架において先取り的に起こってしまった、ということです。

このことは、詩編を見るとよくわかります。紀元前十世紀ソロモン王の時代にエルサレム神殿が建立され、本格的に神殿礼拝が始まりました。そのため祈りや讃美に使うために、それまでばらばらに口頭で伝えられた詩を一つにまとめたものが詩編です。その一三九編には次のような言葉があります。

どこに行けば、あなたの霊を離れることができましょうか。
どこに逃れれば、御顔を避けることができましょうか。
天に昇ろうとも、あなたはそこにはいまし
陰府に身を横たえようとも、見よ、
あなたはそこにいます！

通常の発想では、神は天にいるのであり、陰府＝地獄にはいない、ということでしょう。しかし聖書は、神がイエス・キリストにおいて陰府の只中にもいるというのです。つまり死と滅びの世界も神の恵みの支配の領域になったといっているわけです。

イエス・キリストは、十字架にかかって死ぬことによって、すでにわたしたちの生も死も神の祝福のうちに包んでいます。ユダの裏切りは、キリストの愛に対する失望から、キリストの優位に立ち、人間の善意で救いをもたらすことを目的におこなわれました。しかし、キリストの愛は、そうしたユダを救いのために用いるほど大きいものなのです。つまり善意において悪魔に導かれてしまう者たちをも救い出すほど、大きく力強いものなのです。

わたしたちは誕生と死の間を人生と考え、幸せになりたいと願ってそれぞれの人生の道を歩んだり、駆け抜けたりします。しかしイエス・キリストは、人間の誕生と人生と死の全体を見つめておられ、わたしたちを神との交わりに生きるように導くのです。だからキリストのほうが、わたしたちよりも遥かに現実的であって、人間の有様を全体的に捉えています。そしてご自分の十字架の死において、わたしたち人間を神との交わりに生きるという新しい場へ移してしまわれたのです。ここにこの世界と人間の存在状況の根本的な変革があります。イエス・キリストの十字架の死は、その意味で、世界を滅びに向かうことから神の命に向かうことへと大きく転換させる転換点なのです。

第十一章　結びにかえて——旅するキリストの民

　さて、これまでイスカリオテのユダをめぐって四つの福音書が語っていることをご一緒に見てきました。通常の聖書研究とは違って福音書の記事に触発されたことも自由にお話ししてきたわけです。そのため大風呂敷を広げた有様になりましたが、それは聖書の言葉が現代にまで影響力をもつことに多少ともふれていただきたいと願ってのことでした。

　そうした話の流れの中で、西洋キリスト教がイスカリオテのユダを忌避する際のその過剰さに注目したわけです。そこから思いがけず、西洋キリスト教は、「ユダという影」を「敵」に投影し、合法的な殺戮をくり返してきたことに話がおよびました。特に、二十世紀にはホロコーストという悲劇が起こったことを忘れるわけにはいきません。それはユダヤ人という縁の遠い人々が苦しんだ話というに留まりません。キリスト教信仰について再考を求められる出来事なのです。そこで最後にその点についてご一緒に考えて話しを終わります。

先にお話ししたように、イエス・キリストは、人間存在の根本的な変革をなしとげた転換点のような方です。しかしまた、人は、この転換点において、確かに、「神いまさず」という闇を経験し深く傷つくことがあるでしょう。その極限がホロコーストです。ホロコーストは、もともと「焼き尽くす献げ物」のことです。それを、ユダヤ人作家エリ・ヴィーゼルがユダヤ人大量虐殺をさすものとして使ってから一般に知られるようになりました。

エリ・ヴィーゼルは一九二八年九月三十日、旧ハンガリーのシゲトで生まれ、二〇一六年七月二日に亡くなりました。正統派のユダヤ教徒の家庭で育ち、ハシディズムといって十八世紀のポーランドを中心に起こったユダヤ教敬虔主義運動の影響を深く受けました。マルティン・ブーバーによれば、この運動はイスラエル・ベン・エリエゼル（バール・シェム・トブ＝良き名の主）が中心になって起こったもので、その前の時代の偽メシアであるサバタイ・ツェヴィのために失望、落胆した東欧のユダヤ人を励まし、奮い立たせたといわれます。

さて第二次世界大戦末期の一九四四年、ドイツ軍が予想外にもシゲトを占領し、ヴィーゼル一家をはじめユダヤ人はゲットーに収容されました。その後、ブーヘンヴァルト、アウシュヴィッツの強制収容所で家族を殺され、自身は生き残るという筆舌に尽くしがたい体験をしました。戦後、そのときのことを、カトリック作家フランソワ・モーリヤックの勧めもあって、エリエゼルという少年を主人公に『夜』という小説にしました。

エリエゼルは、アウシュヴィッツ強制収容所に到着して間もなく、ユダヤ人の幼児たちがトラックの荷台から燃え盛る炎の穴に落とされるのを見なければなりませんでした。

さらに自分と同じ年頃の少年が大人二人と脱走を企てたために、逮捕され、見せしめとして絞首刑にされる場面に立ち合わねばなりませんでした。

　三十分あまりというもの、彼は私たちの目のもとで臨終の苦しみを続けながら、そのようにして生と死のあいだで闘っていたのである。そして私たちは、彼をまっこうから見つめなければならなかった。私が彼の前を通ったとき、彼はまだ生きていた。彼の舌はまだ赤く、彼の目はまだ生気が消えていなかった。私のうしろで、さっきと同じ男が尋ねるのを聞いた。

「いったい、神はどこにおられるのだ」

そして私は、私の心の中で、ある声がその男にこう答えているのを聞いた。

「どこだって。ここにおられる。――ここに、この絞首台に吊るされておられる……。」
その晩、スープは屍体の味がした。
(村上光彦訳『夜』みすず書房、一九六七年)

その少年は体重が軽いため、三十分以上も苦しみぬいた末、絶命したのです。このとき、これまでの神信仰が完全に壊れ去り、世界は屍でしかなくなったのです。

しかしまた、まさしく吊るされた神であるイエス・キリストはこのアウシュヴィッツの「夜」にも連帯しているのではないでしょうか。この方は真実な唯一のユダヤ人として、また過去・現在・未来にわたるすべてのユダヤ人の永遠の代表者として十字架上で、「わが神、わが神、どうしてお見捨てになったのですか」と絶望の叫びを上げているからです。

もっとも、カトリック作家遠藤周作は『イエスの生涯』(新潮文庫、一九八二年)において、イエス・キリストのこの叫びは詩編二二編の冒頭の言葉であって、この詩編は途中から、絶望から希望へ転調しているため、キリストは絶望してはいないと弁明します。実際、詩編二二編の前半一節から二二節は以下のような歌ではじまっています。

私の神よ、私の神よ
なぜわたしをお見捨てになるのか。
なぜわたしを遠く離れ、救おうとせず
呻きも言葉も聞いてくださらないのか。

そして前半は「獅子の口、雄牛の角からわたしを救い、わたしに答えてください」で終わっています。しかし同じ詩編の後半二三節以下は、詩編詩人の運命がどうなったのか不明のまま、突然、希望の歌に転調しています。

わたしの兄弟たちに御名を語り伝え
集会の中であなたを賛美します。
……
王権は主にあり、主は国々を治められます。
命に溢れてこの地に住む者はことごとく主にひれ伏し
塵に下った者もすべて御前に身を屈めます。

……。

ご覧のように確かに絶望から希望へと転調しているわけです。しかし、もしもイエス・キリストが絶望していないことを言いたいのであれば、詩編二二編の希望の歌の部分を記せば、よりはっきりするでしょう。しかし福音書にはそう書いていません。なぜでしょうか。

もともと福音書の関心は人間キリストが絶望しているか否かにはありません。神がキリストにあってどのように人間を救い出すのか、そのことに関心があるのです。だから仮に遠藤周作の弁明が正しい場合でも、「では、なにゆえ弟子たちは、キリストが十字架上で呻きつつ語った数々の言葉の中から、なにゆえ、詩編二二編の冒頭の言葉を語り伝えていったのか」、そういう問いが残り続けるのです。

では、なにゆえ、福音書は詩編二二編の冒頭の言葉を記したか。それは、イエス・キリストの絶望の叫びに特に注目し、まさにそのことを伝えたいからにほかなりません。そしてそれがキリストの存在と行為に照らしてみて、キリストにふさわしいことだからです。つまりキリストの存在とおこないに一致しているからです。こうして福音書は、キリストのご意思と一致して、神は、この暴力に満ちたこの世界において、キリストの十字架の死における絶望において、受苦者として、不在者として現在し、世界の絶望をも引き受けているのだと告げているのです。

通常、イエス・キリストの十字架の死は代理的贖罪を意味するといわれます。わたしに代わって罪を償ってくださった、ということです。そのとき、大事なことは罪をどう理解するのかということです。今日、罪といえば個人の内面の事柄として受け止めますが、最初からそういうものではありませんでした。そこには罪の内面化とでもいうべき歴史があるわけです。その点を簡単にふれます。

教会の歴史を書いた本を読むと、政治史的には十七世紀半ばに「ドイツ三十年戦争」という激烈な宗教戦争が終わり、ウェストファリア体制のもとで主権国家が成立しました。それとともに宗教は私事の領域になったといわれます。近代国民国家の始まりです。それに伴い罪も個人的な意識の問題になっていったわけです。つまり狂信的な立場はもう御免であるから人間理性でやっていくという話です。次には人間理性では人間存在全体の救いにならないので「感情」が大事になりました。その指標はシュライエルマッハー（一七六八―一八三四年）の「宗教とは感情である」という主張にあります。こうして神信仰は個人の意識の事柄になっていったわけです。

しかし聖書は、罪を個々人の意識の問題だけではなく、世界全体のトータルな破壊であるといっています。神との関係、自分自身との関係、隣人との関係、自然との関係の四つの関係が不調和になり、混乱を招き寄せたのです。いわば大黒柱として神に立てられた「神の像」としての人間が背き去りひっくり返ったので、世界という家も倒壊したのです。そのため神が創造においてせっかく排除した「混沌・闇・水」が罪とともに入り込み暴虐の限りを尽くすようになったのです。カール・バルトは、それを「虚無的なもの＝Das Nichtge」と解釈しました。

虚無的なものについての最初の、最も印象深い聖書の言及は、直ちに創世記一・二で見出される。そこでは混沌、すなわち創造者がまだ創造者としての最初の言葉を語る前に、拒け捨て、否定し、通り過ごされ、ご自分の背後にさらせ給うた混沌、換言すれば創造者が意志せず、創造し給わなかった実在、そのようなものとしていわばその創造とその被造物の地平線を形造っている実在についていていわれている。

（吉永正義訳『教会教義学　創造論Ⅲ／2』新教出版社、一九八五年、一三一頁）

「虚無的なもの」は、神が行動するときに、それを阻む勢力であって根源的なマイナスの力ですが、すでに神によって否定されていたものです。その「虚無的なもの」が、いわば廃屋のようになった世界に、いわば不法侵入し、無意味な破壊を続けているのです。アウシュヴィッツの「夜」は、そのような「虚無的なもの」の猛威を示しています。

しかし神が「虚無的なもの」を否定し廃棄したという事実に変わりありません。神は、そうした恵みの事実を、多くのユダヤ人たちの受苦によって、さらに究極的には一人の典型的で、真実なユダヤ人の十字架の受苦によってさし示しているのではないでしょうか。それは、その方の絶望において「虚無的なもの」を引き受け、滅ぼしたことを明示しているのです。つまり神は、イエス・キリストの死において全世界の罪に対する裁き、人間の歴史に終末をもたらし、キリストを復活させることによって罪と「虚無的なもの」に勝利したという恵みの世界を開き示しているのです。ここに救いがあります。

その新しい世界は、厳密にイエス・キリストの十字架の死という限界線の向こうから、「夜」の向こうから開き示されるのであって、もはや、人間のもって生まれた知性と感性、宗教的素質といったものでは把握できません。ただ、信仰においてのみ明らかになることです。信仰は、人間の「夜」体験の暗闇において、神から恵みとして与えられるものなのです。いわば人が低くされたときに、信仰は与えられるのです。そして十六世紀の宗教改革が明らかにした「信仰のみ」とは個人の信じる力のことではなく、まさしくそのような神の恵みをさしているのです。そのとき、「**この憐れみによって、高い所からあけぼのの光が我らを訪れ、暗闇と死の陰に座している者たちを照らし、我らの歩みを平和に導く**」でしょう。すなわち信仰は、わたしたちをイエス・キリストの十字架の死が開示する復活の未来への展望の中に立たせるのです。

　キリスト教会には、説教と同じく、イエス・キリストの死と復活をさし示す聖餐という儀式があります。「最後の晩餐」として知られてもいます。その儀式をするとき、「**このパンを食べ、この杯を飲むごとに、主が来られるときまで、主の死を告げ知らせるのです**」という聖書の言葉が読まれます（Ⅰコリント一一・二六）。ここで注目したいのは、「イエス・キリストの復活を告げ知らせる」と直接、言われていないことです。「主の死を告げ知らせる」のです。つまり、神がキリストにおいて不在者として現在しておられることを告げるのです。そのとき、虐待死した幼子たちからアウシュヴィッツの夜にいたるまで受苦における連帯の世界が広がります。むろんそれは人間が苦しむ者と連帯するというヒロイックなことではなく、キリストが苦しむ者と連帯してくださったというその広がりのことをいっています。パウロは、コリントの信徒への手紙二において、キリストという「一人の方がすべての人のために死んでくださった以上、すべての人も死んだことになります」（五・一四）といっています。神の指が、人間の歴史の中にイエス・キリストの絶望の死という一線を引いて、これまでの歴史を中断し、そこに過去・現在・未来にわたる不条理な死を死んだ死者たちを並び立ててくださるのであって、わたしたちもその一線に加わり、復活の将来に希望を抱き、それぞれの今を歩めるのです。

そうした歩みの中で、キリスト教会の信仰告白とその上に立てられる神学といった象徴体系は、人間の住まうことのできる堅固な永遠の世界観であるかのようにふるまうとき、いわばホロコーストの火に焼かれてしまうでしょう。つまり現実というものに破られてしまうのです。しかし神学や信仰告白の言葉が説教と同じく、また説教が信仰告白や神学と同じく、自分自身を超えてキリストの死を証しする証言の言葉であるとき、角笛を吹き鳴らすように、聖霊の息吹をもたらす「instrument インスタルメント＝道具・楽器」としてくり返し新しく用いられるでしょう。なぜならば、神は、イエス・キリストにおいて、この地上に永遠の世界をもたらそうとしているのではなく、キリストの死と復活においてこの世界と人間が死と滅びから命に向かうことへと転換し、それに基づいて命に向けてくり返し旅立つことを求めているからです。信仰告白・神学・説教という営みは、この恵みを証言することが求められているのです。そしてそのように働くとき、キリストの民は不思議とアブラハムと似た者となり、「父なるもの」の支配下を出て旅する者になるのです。この民は、ペトロたちと同じく、イスカリオテのユダの運命はまた自分たちの可能性でもあったということを謙遜に受け入れる民であって、そうであればこそ、くり返しキリスト証言に耳を傾け、地上の栄光から復活の未来へと目を上げつつ歩む者たちなのです。キリスト教会は、井上良雄氏が言うようにまさしく「地上を旅する神の民」なのです。

付録　四福音書と使徒言行録におけるイスカリオテのユダの記事

四福音書と使徒言行録においてイスカリオテのユダに直接言及している記事は、以下のとおりである。ただし、彼は十二人の一人として行動している。したがって他の弟子たちに関する記事についても考慮する必要がある。

マタイによる福音書	マルコによる福音書	ルカによる福音書	ヨハネによる福音書
10・4 熱心党のシモン、それにイエスを裏切ったイスカリオテのユダである。	3・19 それに、イスカリオテのユダ。このユダがイエスを裏切ったのである。	6・16 ヤコブの子ユダ、それに後に裏切り者となったイスカリオテのユダである。	6・71 イスカリオテのシモンの子ユダのことを言われたのである。このユダは、十二人の一人でありながら、イエスを裏切ろうとしていた。
26・14、15 そのとき、十二人の一人で、イスカリオテのユダという者が、祭司長たちのところへ行き、「あの男をあなたたちに引き渡せば、幾らくれますか」と言った。そこで、彼らは銀貨三十枚を支払うことにした。	14・10 十二人の一人イスカリオテのユダは、イエスを引き渡そうとして、祭司長たちのところへ出かけて行った。	22・3 しかし、十二人の中の一人で、イスカリオテと呼ばれるユダの中に、サタンが入った。	

	26・16 そのときから、ユダはイエスを引き渡そうと、良い機会をねらっていた。		26・25 イエスを裏切ろうとしていたユダが口をはさんで、「先生、まさかわたしのことでは」と言うと、イエスは言われた。「それはあなたの言ったことだ。」
	14・11 彼らはそれを聞いて喜び、金を与える約束をした。そこでユダは、どうすれば折りよくイエスを引き渡せるかとねらっていた。		
22・4 ユダは祭司長たちや神殿守衛長たちのもとに行き、どのようにしてイエスを引き渡そうかと相談をもちかけた。	22・5 彼らは喜び、ユダに金を与えることに決めた。	22・6 ユダは承諾して、群衆のいないときにイエスを引き渡そうと、良い機会をねらっていた。	
	12・4～5 弟子の一人で、後にイエスを裏切るイスカリオテのユダが言った。「なぜ、この香油を三百デナリオンで売って、貧しい人々に施さなかったのか。」	13・2 夕食のときであった。既に悪魔は、イスカリオテのシモンの子ユダに、イエスを裏切る考えを抱かせていた。	13・26 イエスは、「わたしがパン切れを浸して与えるのがその人だ」と答えられた。それから、パン切れを浸して取り、イスカリオテのシモンの子ユダにお与えになった。

13・27 ユダがパン切れを受け取ると、サタンが彼の中に入った。そこでイエスは、「しようとしていることを、今すぐ、しなさい」と彼に言われた。	13・28 座についていた者はだれも、なぜユダにこう言われたのか分からなかった。	13・29 ある者は、ユダが金入れを預かっていたので、「祭りに必要な物を買いなさい」とか、貧しい人に何か施すようにと、イエスが言われたのだと思っていた。	13・30 ユダはパン切れを受け取ると、すぐ出て行った。夜であった。

			13・31 さて、ユダが出て行くと、イエスは言われた。「今や、人の子は栄光を受けた。神も人の子によって栄光をお受けになった。」
26・47 イエスがまだ話しておられると、十二人の一人であるユダがやって来た。祭司長たちや民の長老たちの遣わした大勢の群衆も、剣や棒を持って一緒に来た。	14・43 さて、イエスがまだ話しておられると、十二人の一人であるユダが進み寄って来た。祭司長・律法学者、長老たちの遣わした群衆も、剣や棒を持って一緒に来た。	22・47 イエスがまだ話しておられると、群衆が現れ、十二人の一人でユダという者が先頭に立って、イエスに接吻しようと近づいた。	18・2a イエスを裏切ろうとしていたユダも、その場所を知っていた。
26・48 イエスを裏切ろうとしていたユダは、「わたしが接吻するのが、その人だ。それを捕まえろ」と、前もって合図を決めていた。	14・44 イエスを裏切ろうとしていたユダは、「わたしが接吻するのが、その人だ。捕まえて、逃さないように連れて行け」と、前もって合図を決めていた。	22・48 イエスは、「ユダ、あなたは接吻で人の子を裏切るのか」と言われた。	18・3 それでユダは、一隊の兵士と、祭司長たちやファリサイ派の人々の遣わした下役たちを引き連れて、そこにやって来た。
26・49 ユダはすぐイエスに近寄り、「先生、こんばんは」と言って接吻した。	14・45 ユダはやって来るとすぐに、イエスに近寄り、「先生」と言って接吻した。		18・5 彼らが「ナザレのイエスだ」と答えると、イエスは「わたしである」と言われた。イエスを裏切ろうとしていたユダも彼らと一緒にいた。

27・3 そのころ、イエスを裏切ったユダは、イエスに有罪の判決が下ったのを知って後悔し、銀貨三十枚を祭司長たちや長老たちに返そうとして、	27・4 「わたしは罪のない人の血を売り渡し、罪を犯しました」と言った。	27・5 そこで、ユダは銀貨を神殿に投げ込んだ立ち去り、首をつって死んだ。
18・6 イエスが「わたしである」と言われたとき、彼らは後ずさりして、地に倒れた。		

使徒言行録	1・16 兄弟たち、イエスを捕らえた者たちの手引きをしたあのユダについては、聖霊がダビデの口をとおして預言しています。この聖書の言葉は実現しなければならなかったのです。

1・17
ユダはわたしたちの仲間の一人であり、同じ任務を割り当てられていました。

1・18
ところで、このユダは不正を働いて得た報酬で土地を買ったのですが、その地面にまっさかさまに落ちて、体が真ん中から裂け、はらわたがみな出てしまいました。

1・25
ユダが自分の行くべき所に行くために離れてしまった、使徒としてのこの任務を継がせるためです。

あとがき

本書には、辻邦生、芥川龍之介、ドストエフスキー、村上春樹、半藤一利、奥泉光、伊藤桂一、ダンテ、エリオット、河合隼雄、カール・バルト、エリ・ヴィーゼルなど、多くの人が登場します。どの人も巨人のような方ばかりです。これらの人は説教分析の用語で言えば、「証人」たちであり、キリストとユダをめぐる福音書の声の反響板のようなものです。つまり「ユダ」については解決済みではなく、現代にも問いを投げかけている、ということです。

個人的なことにふれると、北陸にいた頃、牧師たちの勉強会で金沢南部教会に集ったとき、ある老牧師が新教新書版、カール・バルトの『イスカリオテのユダ』を読んでいたのを見かけました。事情はまったくわかりませんでしたが、どなたかのことを心にかけて読んでおられたように理解しました。そこに神学する姿勢を見たように思います。

それでわたしも読んでみました。それから『教会教義学』を読み進めました。バルトは、神の恵みの選びという展望の中でユダを見つめていました。その観点から「パラディドミー＝引き渡す」をキーワードに、ユダが使徒であることを論じていました。それを読んで感銘を受けたものの、もう少し福音書に即して描くとどうなるかと思った記憶があります。それからさまざまなことがあり、今回、このような形になったわけです。お世話になった多くの教会に、また多くの人に本書をお届けします。

とりわけ、励ましと批評をしてくださった同僚の佐藤泰將氏、古賀清敬氏、久野牧氏、教会員の浅水洋子氏、校正をしてくださった宮川美加氏にこの場を借りて感謝します。

また、本書を出版するにあたり、一麦出版社ならびに社長西村勝佳氏に労をとっていただいたこと、深く感謝いたします。

小野寺泉

二〇一八年十月三十一日

キリストと〈ユダ〉

四つの福音書が語ること

2018年11月10日　第1版第1刷　発行

定価　［本体1600円＋消費税］

著者　小野寺泉

発行者　西村勝佳

発行所　株式会社　一麦出版社
札幌市南区北ノ沢3丁目4―10
〒005－0832
Tel.（011）578－5888
Fax.（011）578－4888
振替　02750－3－27809
URL http://www.ichibaku.co.jp/
携帯 http://mobile.ichibaku.co.jp/

印刷　㈱総北海

●落丁本・乱丁本はお取り替えいたします。

ISBN978-4-86325-115-1 C0016 ¥1600E